Rotary

로타리 스케치

정종희 편저

로타리 아카데미 교육용
THE BASICS OF ROTARY

Rotary

로타리 스케치

정종희 편저

로타리
기초 상식

로타리 아카데미 교육용
THE BASICS OF ROTARY

들머리에

　제호를 '로타리 스케치'로 붙여 보았다. 로타리에 대한 큰 그림을 시작해본다는 생각에서다. 단락의 제목도 '로타리를 본다'는 뜻으로 '로타리 봄', '로타리를 연다'는 뜻으로 '로타리 여름', '로타리로 간다'는 뜻에서 '로타리 가을', '어깨걸고 함께 하자'는 뜻에서 '로타리 겨울'이라고 라임도 맞추어보았다. 또한 봄, 여름, 가을, 겨울 사계절 내내 로타리 봉사가 쉼없이 이루어지고 있음을 표현한 것이기도 하다.

　로타리 지식을 전하는 딱딱한 책이라는 이미지를 탈피하고 로타리안들에게 쉽게 읽혀지는 책이기를 바라는 마음에서 제호부터 단락 제목, 중요한 내용의 컬러 강조, 적절한 사진과 삽화를 배치하는 등 편집방향에 신경을 썼다.

　짧지않은 로타리활동을 하며 수집해 놓은 자료를 토대로 로타리 책자를 발간하기로 용기를 내었지만, 지구 총재 임기로 인한 바쁜시간과 겹쳐 쉽지만은 않은 여정이었다. 로타리에 대해 더 알고자하는 로타리안에게 로타리 실천의 길잡이가 되고 궁금한 부분을 해소시키는데 조금이라도 보탬이 되면 좋겠다는 소망으로 로타리에 대한 지식을 한 줄이라도 더 담고자 각 지구의 홈페이지를 두루 검색하였고, 선배 로타리안들이 이미 출간해놓은 많은 책과 기고를 읽고 참고를 하였으며 회기가 더하면서 개정된 내용 등도 놓치지 않고 신고자 노력하였다.

로타리 창시자 폴 해리스(Paul Harris)는 "모든 것이 잘 되었다고 생각한다면 로타리에 종말이 다가왔다." "로타리는 어떤 부분도 개선하지 않아도 된다는 것은 없다."라고 하였다. 편집을 하는 동안 100년을 넘긴 우리 로타리는 그러한 부분을 인식하고 발전된 방향으로 개선한 부분이 많음을 알게됐다.

현재의 룰에 안주하지 않고 좋은 룰은 유지하되 변화가 필요한 부분은 개선하는 로타리지도자들의 끊임없는 노력으로 우리의 숭고한 로타리 봉사가 영원할것이라는 확신을 해본다.

조물주의 최고 작품이 인간이라면 인간의 최고 작품은 교육이라고 생각한다. 하여 로타리에 입회하여 친목과 교류를 통한 봉사를 슬기롭게 이어가려면 로타리상식이 꼭 필요하다는 생각이다. 나의 작은 수고로 엮어진 이 책이 초아의 봉사 실천을 위한 로타리안들에게 로타리 지식충전에 도움을 주는 꼭 필요한 로타리 안내서가 되기를 기대해본다.

이 책 발간의 근간이 된 로타리 기초상식(The ABCS of Rotary)을 발행하신 국제로타리회장 클리포드 독터만(1992~93)에게 존경의 마음을 담으며, 좋은 아이디어와 자료 제공, 교정 등 오랜 기간 도움주신 모든 분께 감사드린다.

RI 3721지구 2020-21 총재 **정 종 희**

2021년 2월 23일

로타리
겨울

로타리 *스케치*

봄

로타리를 본다

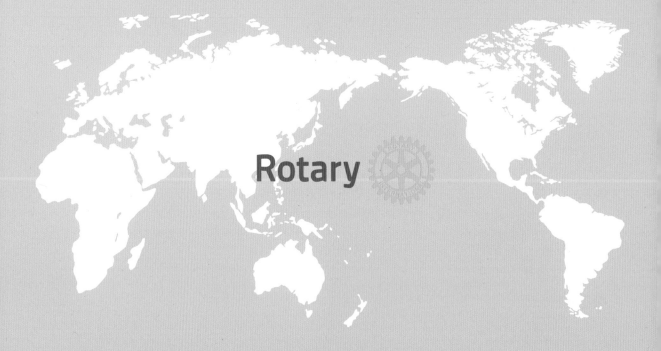

Rotary

로타리

Chapter 1
로타리 탄생

Chapter 1. 로타리 탄생

1. 로타리클럽의 탄생

1) 로타리 개론 (The Rotary Foundation)

로타리의 목적은 지구촌 인류가 21세기로 이어온 가장 자랑스럽고 보람찬 '초아의 봉사' 활동이다. 로타리는 지난 20세기 초, 점(点)과 같은 작은 불씨에서 시작하여 인류가 이룩한 가장 숭고한 조직으로 크게 발전하였다. 1905년, 그 무렵 경제공황으로 민심이 황폐해진 미국의 사회, 특히 시카고의 상황을 심히 염려한 청년변호사 폴 해리스가 세 사람의 친구와 협의하여 2월 23일 첫모임을 가진 것이 로타리클럽의 탄생이며 이 클럽이 세계 최초의 시카고로타리 클럽이다.

로타리란 명칭은 회원 각자의 사무실에서 번갈아 돌아가며 집회를 가진 것에서 연유되었다. 발원지를 떠난 로타리는 이후 꾸준히 성장 발전, 현재 200개 이상 국가 및 자치령에 확대되어 34개 존(Zone), 523개지구, 36,377개 클럽에 회원 수 120만 여명으로 크게 성장했다. 이들 클럽의 멤버로 구성된 국제로타리는 지구상에서 폴리오(소아마비) 등 전염병을 없애기 위해 14억 달러 이상을 지원하였고, 로타리재단을 설립하여 소아마비 박멸운동 등 지구촌 곳곳에서 인류애를 실천하고 있다.

2) 로타리의 기본성격

친교를 통한 직업봉사를 목적으로 태동한 로타리

로타리는 개별적으로나 집단적으로 봉사의 이상을 실천하는 것을 장려할 목적으로 뭉쳐진 사업 및 전문직업인들의 범세계적인 친목단체이다.

로타리클럽은 지역사회를 폭넓게 대표하는 사람들을 대상으로, 로타리 목적을 실천할 수 있는 회원을 선발하기 위하여 그들의 직업 분류를 근거로 하여 선출한다. 클럽 정기모임(주회)에 참석하는 것은 회원자격을 계속 유지하기 위한 최소한의 의무이다. 정기모임(주회)에 참석하는 것은 회원들과의 친목 도모와, 계속적인 우정을 간직하기 위한 첫걸음이다.

로타리클럽은 회원들에게 개인 생활뿐만 아니라, 사업 및 전문 직업활동에 있어서도 높은 도덕적 수준을 실천할 수 있는 기회를 마련해 준다. 로타리안의 종교 및 정치적인 신념은 회원 개인의 문제로 본다.

3) 로타리 클럽의 탄생 (1905년 2월 23일)

1900년 가을 어느 날, 폴 해리스(Paul P. Harris)는 시카고 북쪽에 사는 동료 변호사 밥 프랭크를 만나 저녁 식사를 같이한 후 함께 부근을 산책하며 상점들을 둘러보게 됐다. 그 당시 상점 주인들과 프랭크가 서로 막역한 친구처럼 대하는 모습에 해리스는 깊은 감명을 받았다. 그가 1896년에 시카고로 이주한 이후로는 사업자들 간의 이 같은 동료애를 보지 못했기 때문이다. 해리스는 버몬트 주 월링포드에서 지낸 어린 시절의 추억을 떠올리며 이 같은 순수한 우정을 시카고에서 재현할 방법에 대해 고민하기 시작한다. 그러던 어느 날 시민들과 대화하면서 그들이 아무런 거리낌 없이 대화하는 것을 보고 그는 이들의 직업이 모두 다르다는 것에 주목한다. 그 순간 해리스는 '한 직업에 한 사람'을 원칙으로 회원을 구성하면 반드시 즐거운 클럽이 될 것이라고 확신한다. 결국, 그는 주변의 사업자들을 설득해 함께 친목을 도모하기 위한 클럽을 만들었다. 당시 그의 비전이 바로 오늘날의 로타리 초석이 된 것이다. 해리스는 순수한 동심으로 이업종(異業種) 사업자 간 친교를 맺는다면 서로의 직업 경험을 공유하고 동료애를 느껴 사업의 성과를 크게 얻을 수 있을 것으로 생각했다.

그는 시카고에 변호사 사무실을 개업한 후 몇몇 지인들에게 시카고 지역의 전문직 업인들로 구성된 친목 단체를 만들자고 제안했다. 그 결과 1905년 2월 23일, 폴 해리스(Paul P. Harris)와 그의 친구 구스타부스 로아(Gustavus Loehr/광산 기사), 실베스터 시일(Silverster Schiele/석탄상), 그리고 하이렘 쇼리(Hiram E. Shorey/양복상) 등 네 사람이 로아의 사무실인 시카고 유니티 빌딩 711호에서 모임을 가지게 됐다. 이것이 최초의 로타리클럽 모임이다.

그가 5년 동안 깊이 생각한 것을 실천에 옮긴 것이다. 친교를 통한 직업의 발전을 이루기 위해 '사업자간 우애의 정을 나누며, 사업상 자기의 범위를 넓히기 위하여 정기적으로 회합하는 클럽을 만든다'는 창조적 개념에서부터 로타리의 비전이 탄생한 것이다.

두 번째 모임은 그로부터 2주일 뒤 해리스의 사무실에서 가졌는데 해리스는 이때 인쇄업자인 러글스(Hary Ruggles)와 부동산 업자인 젠센(Bill Jensen)을 소개했다.

세 번째 모임인 3월 23일 시일의 사무실에 모였을 때 클럽이 정식으로 창립되어 〈Ro-tary〉라는 이름이 채택되었다. 모임 장소를 윤번제로 회원의 사무실을 돌아가면서 개최한다는 뜻에서 비롯되었다.

이날 임원 선출에서 회장에 시일, 총무에 쇼리, 연락담당에 러글스가 선정됐다.

당시 규정을 보면, 결석하거나 의사를 서면으로 미리 통지하지 않으면 벌금을 물리기로 했으며, 네 번 연속해서 결석하면 자동으로 회원 자격이 상실되었다. 또 각자는 직업의 종류(직업분류)가 달라야 하며, 매년 말에 투표해서 회원자격의 유지 여부를 결정하기로 결의를 했다. 그해 6월 말까지는 2주일에 한 번씩 모이기로 하고 7, 8월은 휴회했다. 9월 모임 때 사무실이 너무 좁다고 느껴져 다음부터는 호텔에서 모임을 하기로 했다.

1905년 10월 최초로 회원명부가 인쇄되었다. 당시 정회원 19명, 명예 회원 2명으로 총 21명이었으며, 쇼리는 개인 사정으로 퇴회했다. 어느 날 저녁 회합에서 러글스가 '노래하자'고 제안한 것에서 비롯되어 오늘날 주회 프로그램 일부가 됐다.

1906년 1월에 정관과 세칙이 처음으로 인쇄됐다. 그 당시 로타리클럽의 주된 목적은 '회원들 간 사업상의 거래증진 및 친목의 향상'과 '사교클럽에서 일반적으로 추구하는 일'로 되어 있다. 1907년 초에 '시카고 시익의 증진과 시민으로서의 자부심과 충성심의 보급'이 추가로 채택되었다.

해리스는 1907년 2월에 시카고 로타리클럽의 3대 회장으로 선출되어 1908년 가을까지 임기를 이어갔다. 그는 집행위원회를 구성해 점심시간에 회의를 하고, 클럽 회원 누구나 참가할 수 있도록 했다. 로타리클럽들이 오찬 주회를 갖는 전통은 이때부터 시작된 것이다. 그해 10월 시카고 시청에 공중화장실을 설치하는 것을 추진했는데 이 사업이 로타리 사회봉사 사업 1호이다. 해리스는 로타리를 시카고 이외의 지역으로 확장하기 위해 노력했다. 초기 재정적 부담을 꺼린 일부 회원들의 반대가 있었지만, 계속해서 추진한 결과 1910년 8월 시카고에서 최초의 로타리 대회가 열렸으며, 이 자리에서 최초로 미국 전역 16개 로타리클럽을 연합하는 '전국 로타리클럽 협회(오늘날의 국제로타리)'가 구성됐다. 폴 해리스는 만장일치로 협회의 초대 회장에 선출되었다.

해리스는 연임으로 회장 임기를 끝내고 건강과 변호사 업무 및 가정생활에 충실할 필요를 이유로 회장직에서 사임했다. 그는 명예 회장으로 추대됐으며, 해리스가 세상을 떠날 때까지 그 직위는 유지됐다.

그 후 해리스는 1920년대 중반에 다시 로타리 활동에 활발히 관여하기 시작했으며, 로타리 대회에 참석하는 등 전 세계 클럽들을 방문하기도 했다.

4) 로타리 창시자 : 폴 P.해리스

·1868년 4월 19일 미국 위스콘신주 라신에서 출생
·1891년 6월 프린스턴 아이오와주립대학 법대 졸업
·1896년 시카고에서 변호사 개업
·1905년 2월 23일 우인 3인과 로타리 창시
·1907년 2월 시카고RC 3대 회장 취임
·1910년 8월 전국 로타리클럽 협회 초대회장
·~1947년 1월 27일 국제로타리 명예회장
·1947년 1월 27일 78세 永眠

Paul P. Harris

폴 P. 해리스는 국제적인 세계 최초의 봉사 클럽인 로타리의 창시자이다. 폴 P. 해리스는 1868년 4월 19일 미국 위스콘신주 라신에서 태어났다. 그는 세 살 때 형 세실과 함께 미국 버몬트주 월링포드에 있는 친조부모와 함께 살기 시작했다. 폴은 버몬트 대학과 프린스턴 대학에서 수학했으며, 1891년 아이오와 대학에서 법학학사를 취득했다. 졸업 후 5년 동안의 방랑자 시절 미국과 유럽을 여행하며, 신문사 기자, 학교 선생, 과일농장 직원, 카우보이, 서기, 여행사 세일즈맨 직을 두루 경험했다.

폴은 1910년 하이킹 모임을 위한 시카고 플레리 클럽의 창설을 돕는 과정에서 그의 부인이 된 '진 톰슨'을 만났다. 폴과 진 톰슨은 그 해 7월에 결혼식을 올리고 2년 후 그들이 처음 만난 숲이 보이는 곳에 집을 지었다. 집 이름을 '콤리 뱅크'라 불렀고 이 집에서 수많은 로타리안들을 영접하였다. 해리스 부부는 전 세계를 여행하며 로타리를 널리 알리고 다녔으며, 그들은 세계 이해와 평화를 위해 노력하는 로타리를 기리는 뜻에서 거의 모든 나라에 우정의 나무를 심고 다녔다. 폴 P.해리스는 1947년 1월 27일 '콤리 뱅크'에서 세상을 떠났다. 그리고 근처 블루 아일랜드 마운트 호프 묘지에

안치되었다. 그의 묘지는 평생 친구 '실베스터 쉴레' 가까이에 자리 잡았고, 그의 부인 '진'은 고향 스코틀랜드로 돌아가 그 곳에서 1963년 세상을 떠났다.

5) 로타리 최초의 사무총장 : 체슬리 R. 페리

Chesley-Perry

미국-스페인 전쟁 참전용사이자 시카고 공공도서관에서 일했던 로타리의 첫 사무총장 체슬리 레이놀드 페리는 '국제로타리의 건설자'로 알려져 있다.

로타리 회장은 매년 바뀌지만 역대 사무총장은 12명뿐이다. 최고 경영자와도 같은 이 역할을 페리는 32년 동안 맡아 최장 기록을 남겼다.

1910년 8월, 새롭게 창립된 전국 로타리클럽 협회 (오늘날의 국제로타리)는 무기명 투표로 페리를 사무장에 선출했다. 당시 사무장은 월 100달러를 받는 비상근직이었고, 정확히 몇 시간을 일하는 것인지는 정해져 있지 않았다. 1912년, 사무장은 상근직이 되었고 페리의 보수도 상향 조정되었다.

미국 일리노이주 시카고의 라살 스트리트에 있었던 그의 사무실이 협회의 첫 본부 역할을 했다. 1911년 로타리는 시카고 디어본과 먼로 교차로에 있는 퍼스트 내셔널 은행 건물에 첫 사무실을 열었다.

페리는 1911년부터 1928년까지 〈로타리〉 잡지의 편집자 및 관리자 역할을 겸직했고, 1925년 2월에는 스위스 취리히에 로타리의 첫 해외 지국을 설립했다. 그의 임기 동안 미국 내 16개였던 로타리클럽 수는 전 세계 5,000개 클럽으로 늘어났다. 임기 마지막 해였던 1941-42년 그의 직함은 공식적으로 사무총장으로 변경되었다.

내가 만일 국제로타리를 만든 사람이라고 불릴 자격이 있다면, 체슬리 역시 나와 똑같은 자격이 있다. - 로타리 창립자 폴 P. 해리스, 〈나의 길 로타리〉(1948)

그는 1940년에 은퇴 의사를 표했으나 후임자인 필립 C. 러브조이가 연수를 끝낼 때까지는 사무총장직을 수행하기로 했다. 많은 클럽들이 그를 1942-43년 회장 후보로 추천하고자 했을 때 그는 "너무 큰 찬사를 받아 굉장히 조심스럽다"며 사양했다.

은퇴 후 그는 1908년 가입했던 시카고 로타리클럽의 회원으로 남았으며, 1944-45년에는 클럽 회장을 맡기도 했다. 1954년 로타리는 그가 봉사해온 시간을 기리기 위해 '명예 사무총장' 직함을 수여하려 했으나 그는 또다시 사양하며 평범한 로타리안으로 남는 것을 택했다.

6) '직업봉사'를 로타리에 정립 : 아더 프레데릭 셀든

국제로타리는 흔히 말하는 봉사단체가 아니다. 직업봉사는 로타리 운동의 근본으로, 사회의 유익한 여러 직업 중 한 직업에서 한 사람씩 선발된 회원들이 모여서 사업의 발상과 정보를 교환함으로써 서로 배워가며 자기수양을 하는 가운데 길러진 고양된 봉사의 정신을 가정, 직장, 지역, 국가, 국제사회에서 개인적으로 봉사를 실천하는 운동이다.

Arthur F. Sheldon

직업봉사의 개념을 로타리에 정립시킨 사람은 아더 프레데릭 셀든(Arthur Frederick Sheldon)이다.

"사업가는 자신이 사업을 통하여 이익을 얻음으로 자신의 행복을 추구한다. 그러나 이 행복은 혼자서 이룩한 것이 아니며 주위 사람들의 덕분이다. 라는 자신의 직업에 대한 투철한 봉사정신을 사회에 확대해 나감으로 모든 사회가 발전하게 된다.

로타리의 역사속에 최근 RI의 방향은 이러한 직업봉사의 정신을 희석하고, 물질적 단체적 봉사의 방향으로 가고 있는것 같으며, 그 결과 기부금의 목표를 정하고 경쟁적으로 서열을 매기며 포상까지 하고 있는 실정이다. 이러한 금전적 봉사를 위한 단체는 우리 주위에 수 없이 많다.

최근 로타리에 퇴회자의 증가 등 회원의 감소나 발전이 주춤하고 있는 이유가 물론 세계적인 경제 불황 등 나름대로의 이유도 있겠지만, 근본적인 이념에서 벗어남으로 로타리 운동의 참된 매력이나 메리트를 느끼지 못하기 때문이다."

로타리 모토는 직업봉사 철학 "가장 훌륭하게 봉사하는 사람이 가장 많은 것을 거두어 들인다."(One Profits Most Who Serves Best)와 인도적인 봉사 철학 "초아의 봉사"(Service above self)이다. 이것은 인생철학이며 이기적인 욕구와 의무 및 여기에 수반되는 다른 사람을 위하여 봉사하고 싶다는 감정 사이에 늘 존재하는 모순을 완화시키는 실천이론으로 사회정화운동의 인간성 회복 운동이다.

최초 로타리클럽은 친목과 상부상조가 그 목적인 이기적인 모임이었다. 변리사인 도널드 카터가 이기적이기만한 클럽에는 장래성이 없다며 입회를 거절한 사건들이 발생하고 1908년 체리스 페리와 셀던이 가입하면서부터 로타리 철학이 꽃을 피우게 되었다.

로타리 봉사는 단순한 자선적 의미의 봉사도 아니요, 또한 무조건 희생적 봉사도 아니다. 주체와 대상이 주고 받음(Give and Take)으로써 조화와 이익(Profits)을 가져다주는 자연의 법칙이다. 봉사자에게 이익과 행복을 주며, 인간성이 회복되고, 더 좋은 봉사를 할 수 있는 직업의 윤리관을 높이고 자기 발전과 성취감 그리고 유익을 주는 것이다.

로타리가 돈 있고 잘 나가는 사람, 많이 배운 사람, 권력이 있는 사람들의 한정적인 모임이었다면 기관에 돈을 기부하는 것이 더 폼이 날 것이나 전세계적으로 로타리가 부흥할 수는 없었을 것이다. 친목과 상부상조라는 초기 단계의 로타리 클럽의 목적보다 직업을 통한 사회봉사를 실천하는 것으로 승화시킨것이 로타리 정신인 것이다.

7) 초아의 봉사(Service above self) 유래 : 벤 콜린스

1911년 포틀랜드 대회 행사에서 당시 미니아폴리스 로타리클럽 회장이던 벤 콜린스는 자신의 클럽이 채택한 원칙인 'Service, Not Self'에 대해 연설을 하였는데 이 역시 청중들로부터 열렬한 지지를 얻었으며 세월이 흐르면서 오늘날의 'Service above self(초아의 봉사)'가 되었다.

B. Frank Collins

'초아의 봉사'는 자신을 초월하여 하는 봉사라는 뜻인데 인도적인 로타리의 봉사활동을 나타내는 철학으로 이익을 위하여 로타리 클럽에 입회해서는 안되며 금전적인 이익을 목적으로 봉사를 해서는 안된다 라는 숭고한 느낌의 단어로 그 뜻이 훨씬 더 강력해지고 있음을 느낄 수 있다. 이러한 직업봉사의 목표를 달성하기 위해 구체적인 방향을 제시한 것이 1943년 RI 이사회에서 채택된 네가지 표준이다.

8) 네 가지 표준의 유래 : 허버트 테일러(Herbert J.Taylor)

네 가지 표준(The Four-Way Test)

우리가 생각하고, 말하고, 행동하는 데 있어서 (OF THE THINGS we think, say or do)

1 진실한가?
Is it the TRUTH?

2 모두가 공평한가?
Is it FAIR to all concerned?

3 선의와 우정을 더하게 하는가?
Will it build GOODWILL and BETTER FRIENDSHIPS?

4 모두에게 유익한가?
Will it be BENEFICIAL to all concerned?

네가지 표준은 1932년, 시카고로타리클럽 소속의 로타리안인 허버트 J. 테일러에 의해 제창되었으며, 전 세계에서 가장 널리 인쇄, 인용되고 있는 직업 윤리에 관한 글귀이다. 이것은 허버트 테일러가 파산위기에 있는 시카고 알류미늄 회사를 맡으면서 만든 것이다. 테일러는 경제불황으로 인한 재정난을 겪고 있는 한 회사를 구제하기 위한 방법을 모색했다. 그리하여 그는 24개 단어로 모든 직원이 사업의 전문적인 분야에서 행해야 할 윤리강령의 초안을 잡았다.

Herbert J. Taylor

네가지 표준(The Four Way Test)은 판매, 생산, 그리고 다른 사업가들과 고객과의 관계를 위한 지침이 되었고, 이 단순한 원칙이 회사를 회생시켰다. 1920년에 테일러는 시카고 로타리클럽에 입회하여 1939~40년에 시카고로타리클럽 회장직을 지냈고 1954~55 국제로타리 회장이 되었다. 로타리는 1943년에 네가지 표준을 정식 채택했고, 1백 개 이상의 언어로 번역되었으며, 수많은 단체와 개인들에 의해 활용되고 있다.

이 네 가지 표준의 목적은 인간관계에 있어서 높은 도덕적 수준을 유지하고 향상시키는데 있다. 이는 질문이 아니고 각자의 양심에다 어필시키는 인간사회의 모든 분야에 적용될 수 있는 윤리 규범이라고 볼 수 있다.

1954년, RI회장으로 취임하면서 4-Way Test를 RI회장 테마(Theme)로 사용하면서 그 저작권을 RI에 공식적으로 이양하였다.

최초의 로타리안 4인+1

로타리는 폴 해리스라는 이름의 한 사람의 비전으로 시작되었다. 시카고에서 변호사로 활동하던 그는 다양한 분야의 전문직업인들을 한데 모아 아이디어를 나누고 오랜 우정을 쌓아가며 지역사회에 환원하고자 시카고 로타리클럽을 창립하였다.

1905년 2월 23일, 폴 해리스, 구스타부스 로아, 실베스터 시일, 하이렘 쇼리 등 4명은 로아의 사무실에서 최초의 로타리클럽 회합을 갖는다. 사업가들 간의 친목을 도모하고자 하는 폴 해리스에 의해 모였던 이들의 회합은 결국 봉사와 친목의 국제적인 봉사 단체의 탄생으로 이어졌다.

최초의 로타리안 4명과 "제5의 로타리안"으로 알려진 해리 L. 러글스를 소개한다.

로타리 창립자
폴 P. 해리스

해리스는 1868년 4월 19일, 미국 위스콘신 주에서 태어나, 조부모님들과 버몬트에서 어린 시절을 보내고, 버몬트 대학교, 프린스턴, 아이오와 대학교 등에서 수학하였다.
1910-12년도에 전국 로타리클럽 협회 초대회장을 역임하였으며, 1947년 1월 27일 세상을 떠났다. 그는 평생 시카고 로타리클럽 회원으로 활동하였다.

광산 기사
구스타부스 로아

로아는 1864년 일리노이 주, 칼린빌에서 태어났다. 그는 초기에만 로타리안으로 활동하였으며, 클럽이나 국제적인 차원에서 임원 직책을 수행하지 않았다. 그러나 첫 로타리 회합이 그의 사무실이었던 시카고 다운타운 유니티 빌딩 711호에서 열렸다. 1918년 5월 23일, 시카고에서 별세하였다.

양복상
하이렘 E. 쇼리

쇼리 역시 초기에만 로타리안으로 활동하였는데, 클럽 창립 첫 해에 서기로 봉사하였다. 1862년 8월 메인 주에서 출생하여, 1944년 3월 별세하였다.

석탄상
실베스터 시일

시일은 시카고 클럽 초대 회장(1905년)과 국제로타리 제3대 재무(1945)를 역임하였다. 1870년, 인디애나 주 테레호테에서 출생하여 테레호트 비즈니스 칼리지에서 수학하였으며, 스페인-미국 전쟁에 참전하였다.
1902년부터 쉴레 석탄 회사의 사장으로 근무하다 1939년 은퇴하였다. 그는 해리스와 평생 동안 이웃으로 살면서 돈독한 우정을 나누었다. 1945년 12월 17일 별세하여 마운트 호프 묘지의 해리스 가까운 곳에 묻혔다.

인쇄사
해리 L. 러글스

러글스는 노스웨스턴 대학교(미국, 에반스톤)를 졸업하고, 제2회 주회부터 로타리에 가입하였다.
시카고 클럽 초대 재무, 클럽 회장(1908-10) 등을 역임하였으며, 1912-13년도에 로타리 이사로 활동하였다. 그는 클럽 주회에서 로타리 송을 시작한 것으로 유명하다. H.L. Ruggles & Co.를 운영하면서 The National Rotarian 창간호와 로타리 송 모음집을 최초로 인쇄하기도 하였다. 7개 클럽의 명예 회원을 지냈으며, 1959년 별세했다.

2. 로타리란 무엇인가?

로타리는 지역사회를 개선하고 더 나은 세상을 만드는 데에 대한 열정과 헌신을 공유하는 사람들로 이뤄진 국제 회원 단체이다. 세계 거의 모든 국가에 로타리클럽이 존재한다. 우리 회원들은 지역사회 봉사를 통해 이웃들의 삶을 개선하고, 다른 클럽들과 연결해 국제 프로젝트를 추진함으로써 지구촌 전체가 직면한 가장 긴급한 도전 과제들에 대처해 나간다. 로타리 회원이 되는 것은 실천에 앞장서 변화를 일구어 낼 기회인 동시에, 개인적인 보람을 얻고 평생 가는 우정을 쌓아가는 여정의 시작이다.

1) 로타리의 정의
로타리는 인도주의적인 봉사를 제공하고, 모든 직업의 높은 도덕적 수준을 고취하며, 전세계의 우의와 평화를 구축하는데 협조하는 사업 및 전문직업 지도자들의 모임인 세계적인 조직체이다.

※1976년 국제로타리 이사회에서 정의

3. 로타리의 구성

로타리는 크게 세 부분으로 로타리클럽, 국제로타리, 로타리재단으로 구성되어 있다. 로타리의 핵심은 클럽이며, 클럽을 지원하는 역할을 국제로타리와 로타리재단이 담당하고 있다.

1) 로타리클럽(RC, Rotary Club)
헌신적인 사람들이(로타리안) 한데 모여 생각을 나누고 우정을 쌓으며 행동에 나서는 모임이다.

2) 국제로타리(RI, Rotary International)

글로벌 프로그램과 캠페인, 이니셔티브를 조율하는 역할을 담당하며 세계 전역에서 활동하고 있는 로타리클럽을 지원한다.

34개 존, 523개 지구, 36,377개 클럽으로 구성되어 있다.(2020. 10. 30 기준)

3) 로타리재단(TRF, The Rotary Foundation)

로타리안과 재단 파트너들이 자발적으로 기부한 재원을 토대로 로타리 인도주의 프로젝트, 평화 펠로우 육성 등 전세계 지역사회 곳곳에서 펼쳐지는 로타리 활동에 필요한 자금을 조성 및 운영한다.

4. 로타리의 조직

1) 국제로타리(RI, Rotary International)

국제로타리는 존과 지구에 속한 로타리클럽들의 전 세계적인 네트워크다.

국제로타리는 각 로타리클럽이 회원으로 되어있으며 관리목표는 가입된 로타리클럽이나 개인 로타리안에 대한 로타리목적의 추진에 있다. RI관리의 기본원칙은 RI회원인 로타리클럽들이 자체적으로 클럽을 운영하는 것이다.

국제로타리 관리를 하기 위해 로타리 세계본부인 국제로타리 사무국과 전세계 6개 지국을 운영하고 있다. 국제로타리 사무국은 미국 시카고의 일리노이주 에반스톤에 있다.

2) 존(Zone)

클럽들이 모여 지구가 형성되고 지구에서 발전해 지역 Zone으로 구성되는데 최소 15개 지구가 되면 독립 Zone 구성이 가능하고 한 Zone에는 그 지역 Zone을 대표하는 한 명의 RI 이사가 지명된다.

전세계 3만6천여 개 클럽이 523개 지구에 소속되어 있듯, 모든 지구들은 34개 존(Zone)에 속해 있다.

3) 지구(District)

일정 지역 내에 있는 로타리클럽으로 구성된 관리 단위이다. 로타리 각 지구는 클럽을 지원하고 클럽의 노력을 제고하기 위해 존재한다. 한 지구에 최소 75개 클럽, 2,700명의 회원을 보유하도록 권장한다. 한국은 1961년 375지구에서 시작해 2016년 7월 1일 19개 지구로 구성되었다. 지구마다 총재(Governor)가 배정되어 있다.

4) 로타리클럽(Rotary Club)

로타리의 가장 중요한 구성요소는 바로 클럽이다. 세계 220여 개 국가 및 지역에서 3만 6,000개가 넘는 클럽들이 활동하고 있다. 로타리클럽은 자율적으로 활동하므로 회원들의 경험은 클럽마다 다르지만, 그 운영 방식은 대체로 유사하다. 예를 들어, 모든 클럽은 활동 전반에 대한 관리를 책임질 회장과 총무, 재무와 각종 위원회를 둔다. 그리고 각 로타리클럽은 국제로타리의 회원으로 간주된다.

※ 로타리 e-클럽 : 온라인 주회를 가진다는 점에서 일반 클럽과 구별되었으나 2016년 규정심의회에서 모든 로타리클럽이 정기 모임 형식에 재량권을 갖게 되면서 전통적인 클럽과 e-클럽의 구분이 더 이상 유효하지 않게 되었다. 그러나 온라인 활동에 중점을 두는 클럽들은 이 점을 강조하기 위해 'e-클럽'이라는 명칭을 계속 사용할 수 있다.

※ 로타리 위성클럽 : 독립적인 클럽으로 기능할 때까지 단기적으로 운영되는 '클럽 내 클럽'으로, 신생클럽 창립을 위해 과도기적으로 도입할 수 있는 제도이다. 위성클럽의 회원 역시 로타리안이며(스폰서 클럽의 회원) 회원으로서의 의무를 이행해야 한다.

5) 로타리클럽 회원(로타리안)

국제로타리(RI)
200개국 이상
국가 및 자치령

존(Zone)
34개

지구(District)
523개

로타리클럽(RC : Rotary Club)
36.377개 클럽

로타리안(Rotarian)
1,195,644명

※ 2020. 10. 30 RI본부 통계

전 세계에는 120여 만 명이 넘는 로타리클럽 회원이 있다. '로타리안'이라 불리는 클럽 회원들은 리더의 자질을 갖춘 전문 직업인으로서 지역사회 문제 해결에 각자의 전문성을 활용하는 등 한 개인에게 주어진 힘을 훌쩍 뛰어넘는 봉사 역량을 갖게 된다. 다양한 분야의 직업인들과 협력 관계를 구축함은 물론 서로의 전문성, 기술, 자원 등을 한데 모음으로써 사람들의 삶에 진정한 변화를 가져올 기회를 얻게 된다.

6) 클럽 정기모임

로타리클럽 회원들은 정기모임을 통해 함께 만남을 갖고 진행 중인 프로젝트를 비롯한 로타리 사안과 기타 전문적인 주제에 대해 논의한다. 대부분의 클럽이 장소를 정해 직접 모임을 갖지만 주로 온라인 모임만을 실시하는 클럽, 온라인과 오프라인 모임을 혼합하는 클럽들도 있다. 로타리는 그 어떠한 정치적, 종교적 입장도 지지하지 않으며, 모든 로타리클럽은 누구나 편안하게 참여할 수 있는 정기모임 환경을 조성할 것이 권장된다. 정기모임은 격식을 갖춘 모임과 캐주얼한 모임 등 다양한 형태를 띨 수 있으며, 음식과 음료, 연사, 자유토론, 그룹 활동 등 여러 요소를 포함할 수 있다. 클럽의 모임과 활동에 적극적으로 참여할수록 클럽 회원으로서 알찬 경험을 할 수 있다.

5. 로타리의 봉사 철학

로타리는 봉사 철학이다

"로타리의 철학은 봉사의 철학으로 그것은 '초아의 봉사(Service above Self)'와 '최선의 봉사가 최대의 수익을 얻는다(He profits most who serves best)'라는 모토의 원천에서 흘러나오고 있는 것이다."

"인간의 삶은 바다와 같다. 바다는 밀물과 썰물이 끊임없이 주고받음(Give and Take)의 수수작용에 의해 조화를 이루며 존재하듯 인간의 삶도 주고받음의 수수작용에 의하여 조화를 이루면서 존재한다."

"로타리는 모든 사람들로부터 받아들여질 명백한 철학을 가질 필요가 있으며 그것은 로타리안이 개인, 가정, 직장(사회), 국가, 세계에서 실천 가능하고 유익한 것이어야 한다."

로타리의 봉사철학(이념)을 제창한 아더 F 셀던(Arthur Frederrick Sheldon, 1863~1936)이 남긴 말이다.

셀던은 로타리 창시자 폴 해리스와 같은 시카고 클럽 창립 멤버이다. 로타리의 기본이 되는 봉사이념(철학)을 제창한 사람으로 이념 구축, 제창에 그다지 능숙하지 못했던 폴 해리스가 그 작업을 전적으로 셀던에게 맡겼을 만큼 확실한 개념을

가진 유능한 사람이었다. 폴 해리스의 셸던에 대한 절대적인 신뢰로 입회 1개월 된 셸던을 정보확대위원장에 임명하였으며 신뢰에 보답하듯 셸던은 많은 로타리안들에게 그의 지론인 서비스학을 새로운 로타리의 봉사이념(철학)으로 교육을 했다. '셸던 비즈니스 스쿨'을 통해 '최선의 봉사가 최대의 이익을 얻는다'라는 주제로 많은 로타리 활동의 중심인 시애틀 로타리클럽에 보급하는 커다란 역할을 하였다.

셸던은 미시간대학 경영학부를 수석졸업한 당대 판매학의 대가였으며 로타리가 낳은 세계적인 철학자로도 알려져있다. 백과사전 세일즈맨으로 일하다가 출판사를 직접 경영하였으며 시카고에 '셸던 비즈니스 스쿨'을 설립, 봉사이론을 중심으로한 판매학을 가르치며 사회경험과 철학적 사고를 접목시킨 획기적인 경영 이론으로 직업 생활에 따른 봉사의 중요성을 피력하였다.

셸던은 기업의 지속적인 번창과 발전을 이루는데 공통으로 나타나는 특징이 봉사(Service)라는 결론을 내렸으며, 후일 로타리의 직업봉사 이념의 상징적 표어가 된 '최선의 봉사가 최대의 이익을 얻는다(He profits most who serves best)'에 근거한 서비스학의 개념을 과학으로 파악하여 로타리안들에게 체계적인 교육을 하였다.
직접적으로 이익을 추구하기보다는 봉사(Service)를 통한 고객만족을 추구하는 기업이 결과적으로 더 많은 이익을 낸다고 밝힌 현대경영이론과도 맞물린다.

셸던이 시카고에서 열린 국제대회에서 평소 생각해 온 봉사철학에 대한 연설에서 '최선의 봉사가 최대의 이익을 얻는다(He profits most who serves best)'는 결정적인 로타리 철학을

연설하였고, 로타리 존재의 참된 이유에 목말라하던 많은 로타리안들에게 강한 인상을 주게 되어 국제대회 의사록에 셸던의 연설 전문이 기록되었으며, 그의 봉사철학이 100년이 지난 오늘날까지 로타리의 직업봉사 이념을 상징하는 모토인 로타리의 목적으로 로타리안 행동의 핵심을 이루고 있다.

'로타리의 목적'에 보면 '로타리의 목적은 봉사의 이상을 모든 가치있는 사업활동의 기초가 되도록 고취하고 육성하는 것이다.'라는 부분이 있다. 이와 같이 '봉사의 이상'을 성취하는 주체적인 봉사가 직업봉사이며 그 이념을 상징한 모토가 '최선의 봉사가 최대의 수익을 얻는다(He profits most who serves best)'인 셸던의 철학인 것이다.

셸던은 "세상에 도움이 되는 일을 열심히 하는 사람이 가장 큰 물질적인 이익을 얻는다는 것은, 로타리 정신이 무조건 퍼주는 것이 아니라 자신의 직업에 도덕적인 가치와 수준을 높여 열심히 일하는 그 자체가 봉사이고 이를 통해 금전적인 이익을 얻어 행복을 느끼는게 되는것"이라고 하였다. 도덕적인 가치와 수준을 높여 거리낌없는 양심으로 살며 다른 사람으로부터 존경을 받게 되고, 동료들간의 거래가 생겨나 물질적인 부와 행복을 동반하게 되는 것이 봉사(Service)이념에 근거해 얻어지는 이익(Profit)이라고 말했다.

이와 같이 로타리 봉사의 근본적 개념은 일방적으로 주기만 하는 자선적 의미의 봉사가 아니라 주는 것이 원인이 되어 결과적으로 더 많은 것을 얻게된다는 'Give and Take'의 개념인 것이며 이것

이 완전한 봉사(Complete Service)라는 것이다.

　"타인에 대한 봉사는 자기 계발과 자기 이익을 가져다 준다. 로타리 봉사는 이 사고 방식을 지키는 길이다."라고 강조한 셸던의 말처럼 우리 로타리가 직업봉사 이념을 갖고 있다는 것이 여타 봉사단체와 다른점 이기도 하다.

　셸던의 봉사철학 개념을 살펴보면 '인간의 삶의 목적을 행복이라 정하고 그 행복은 봉사를 원인으로 해서 생겨나는 결과적인 것으로 이것은 과학과 같은 것이며 자연의 원리'라는 것이다. 즉 주는 것이 원인이 되어 결과적으로 조화와 유익을 가져다 주고 행복을 주는 요인이 되며 이것이 인간관계에 있어 인간성의 법칙이며 인간성 회복의 길이라는 것이다.

　로타리안들이 남에게 봉사를 하고 나와 더불어 주변 사람들에게 이익을 나누어 공생공영하는 결과를 낳는다는 것을 실증하여 주위사람들에게 본받게 하고 사회를 번영케 하는것, 이것이 근본적인 사회봉사의 개념이라 할 수 있다. 결과적으로 열심히 봉사하는 사람이 더 큰 수익자가 되는 이념과 철학, 이것이 곧 로타리 이념의 창시자 Arthur F Sheldon이 제창한 로타리의 근본정신인 직업봉사인 것이다.

6. 로타리 사명

1) 로타리 지도원리

자신이 보유한 기술과 열정으로 지역사회를 변화시키기 위해 리더들이 함께한 로타리의 100년 역사는 전세계 로타리안들에게 자부심을 갖게 한다. 로타리클럽 및 지구는 로타리의 사명 증진을 위해 그리고 프로페셔널리즘과 봉사에 대한 헌신의 역사를 제대로 이해하기 위해 거버넌스 문서 외에도 로타리의 기본 원칙과 가치 성명서를 숙지해야 한다.

2) 1992년 사회봉사 성명서

1923년 국제대회를 시작으로 1992년 규정심의회에서 사회봉사에 대한 다음의 성명서를 채택했다.

- 로타리 사회봉사는 모든 로타리안에게 봉사의 이상을 개인생활과 사업, 그리고 지역사회 생활에 적용하도록 권장하고 증진시킨다.
- 봉사의 이상을 적용하는 과정에서 로타리클럽이 실시하는 여러 활동들은 훌륭한 봉사의 기회를 회원에게 제공해왔다. 로타리안을 위한 지침, 나아가 사회봉사 활동에 관한 로타리의 방침을 수립하기 위하여 다음과 같은 원칙을 인정한다.
- 사회봉사는 모든 로타리안이 '초아의 봉사'를 실현할 수 있는 기회이다. 사회봉사는 모든 로타리안과 로타리클럽이 지역사회 구성원 모두의 삶의 질을 개선하고 공익에 봉사하기 위한 헌신이며 사회적 책임이다.

이러한 정신에 입각하여 모든 클럽에게 다음이 권장된다.
  (1) 지역사회 내에서 봉사의 기회를 정기적으로 검토하며 지역사회가 필요로 하는 것에 대한 평가에 클럽 회원을 참여시킨다.

(2) 사회봉사 프로젝트를 수행하는 과정에서 회원 각각의 독특한 취미와 직업상의 재능을 활용한다.

(3) 모든 사회봉사 활동은 규모에 관계없이 중요하다는 점을 인식하고, 지역사회의 필요에 부합하며 지역사회 내에서의 클럽의 위치와 능력에 적합한 프로젝트를 실시한다.

(4) 인터랙트클럽, 로타랙트클럽, 로타리 지역사회 봉사단 및 기타 이들이 후원하는 각종 단체와 긴밀히 협조하여 사회봉사에 기울이는 노력을 조율한다.

(5) 국제적 차원에서 진행되는 로타리 프로그램과 활동을 통하여 지역사회 봉사 프로젝트를 증대시킬 수 있는 기회를 파악한다.

(6) 지역사회 봉사 프로젝트를 수행하는데 있어서, 바람직하고 가능한 경우, 필요한 자원 제공을 포함하여 지역사회를 참여시킨다.

(7) 사회봉사의 목적 달성을 위해 RI 방침에 따라 다른 단체들과 협조한다.

(8) 사회봉사 프로젝트에 대한 일반인의 적절한 이해를 얻도록 한다.

(9) 다른 단체들이 사회봉사 활동에 동참하도록 권장하는 매개체 역할을 한다.

(10) 적절한 경우 프로젝트를 지속시키는 책임을 지역사회와 다른 봉사 단체, 기타 기관에 넘김으로써 로타리클럽은 새로운 프로젝트에 참여하도록 한다.

전세계 로타리클럽의 연합체인 RI는 사회봉사의 필요성 및 봉사 활동에 관한 소식을 전달할 책임이 있으며, 참여를 희망하는 로타리안, 로타리클럽 및 지구의 일치된 노력을 통해 로타리의 목적을 증진시키는 효과를 가져오는 프로그램이나 프로젝트를 수시로 제안할 책임이 있다.

3) 핵심 가치

로타리는 로타리안으로서 갖추어야 할 5대 기본 특성을 파악하고, 2007년에 이를 로타리 전략계획의 일부인 '핵심 가치'로 채택했다. 이러한 핵심 가치는 이후 RI 이사회에 의해 재확인되었으며, 로타리가 나아가는 올바른 의도와 방향을 결정짓는 근거로써 그 중요성을 더해가고 있다.

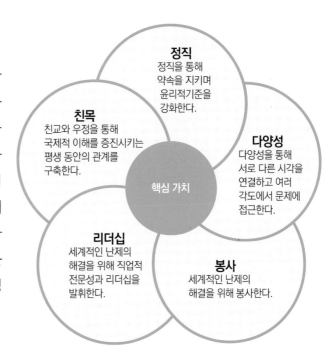

정직
정직을 통해 약속을 지키며 윤리적기준을 강화한다.

친목
친교와 우정을 통해 국제적 이해를 증진시키는 평생 동안의 관계를 구축한다.

다양성
다양성을 통해 서로 다른 시각을 연결하고 여러 각도에서 문제에 접근한다.

핵심 가치

리더십
세계인인 난제의 해결을 위해 직업적 전문성과 리더십을 발휘한다.

봉사
세계적인 난제의 해결을 위해 봉사한다.

4) 네 가지 표준(The Four-Way Test)

우리가 생각하고, 말하고, 행동하는 데 있어서:
(OF THE THINGS we think, say or do:)

(1) 진실한가?(Is it the TRUTH?)
(2) 모두에게 공평한가? (Is it FAIR to all concerned?)
(3) 선의와 우정을 더하게 하는가?(Will it build GOODWILL and BETTER FRIENDSHIPS?)
(4) 모두에게 유익한가?(Will it be BENEFICIAL to all concerned?)

1932년에 허버트 J. 테일러에 의해 자신이 운영하던 알루미늄 제조회사를 어려운 상황에서 구하기 위한 길잡이로서 '네 가지 표준'이 창안되었으며, 훗날 로타리에 도입되어 '정직'을 중요시하는 로타리의 가치를 뒷받침하게 되었다.

5) 로타리의 목적

로타리의 목적은 봉사의 이상을 모든 가치 있는 활동의 기초로 발전시키고 증진하는 것으로, 특히 다음을 북돋는 데 있다.

첫째, 사람 간의 교류를 봉사의 기회로서 넓히고 함양한다.

둘째, 사업과 직업에서의 도덕적 수준을 높이고, 모든 유익한 직업의 가치를 인식하며, 로타리안 개개인의 직업을 사회에 봉사할 소중한 기회로 삼는다.

셋째, 로타리안 각자의 개인 생활, 직업 활동 및 사회 생활에서 봉사의 이상을 실천한다.

넷째, 봉사의 이상으로 맺어진 사업 및 직업인들의 범세계적인 우정을 바탕으로 국제적인 이해와 친선 그리고 평화를 증진한다.

'로타리 강령'의 명칭이 2019년 7월부터 '로타리의 목적'으로 바뀌면서 일부 문구도 변경되었는데 영어 원문이 변경된 것이 아니라 한국어 번역을 현대적인 서술로 수정된 것이다. (2019 절차요람에 수정되어 수록)

6) 로타리안 행동 강령

나는 로타리안으로서,

(1) 개인 생활과 직업활동에 있어 윤리적으로 정직(Integrity)하게 행동한다.

(2) 모든 사람을 공정하게 대하며 그들과 그들의 직업을 존중한다.

(3) 내가 속한 지역사회와 전세계에서 젊은이들을 선도하고 장애우들을 도우며 사람들의 삶의 질을 개선하기 위하여 나의 직업적 재능을 로타리에 제공한다.

(4) 로타리 및 동료 로타리안들에게 불이익을 초래하는 일은 하지 않는다.

(5) 로타리 모임, 행사 및 활동에 괴롭힘이 없는 환경을 조성하고, 괴롭힘 혐의에 대해 보고하고, 보고한 개인에 대한 불이익을 방지하기 위해 노력한다.

7) 5대 봉사 부문

로타리 봉사 부문은 로타리클럽 활동의 철학적, 실질적 근간을 이룬다.

(1) **클럽봉사** : 클럽이 성공적으로 기능할 수 있도록 회원들이 클럽 내에서 수행해야 하는 활동을 의미한다.

(2) **직업봉사** : 목적은 사업과 직업의 도덕적 수준을 높이고, 모든 유익한 직업의 진가를 인식하며, 모든 직업에서 봉사의 이상을 증진시키는 것이다. 회원들은 사업 및 직장에서 로타리의 원칙에 따라 활동하며, 클럽이 사회 문제와 필요를 해소하고자 실시하는 프로젝트에서 직업 기술을 제공하는 등의 역할을 담당한다.

(3) **사회봉사** : 클럽이 속한 지역사회 또는 도시에서 주민들의 삶의 질 향상을 위해 펼치는 클럽 회원들의 다양한 봉사 활동을 말하며, 경우에 따라 다른 자원봉사자나 단체와 함께 활동한다.

(4) **국제봉사** : 로타리안들이 다른 나라 사람들을 돕기 위한 클럽의 모든 활동과 프로젝트를 지원하고, 그들과의 서신 연락이나 대화를 통하여 그 나라의 국민과 문화, 관습, 업적, 염원, 문제 등에 익숙해짐으로써 국제 이해와 선의 그리고 평화를 증진하는 활동을 말한다.

(5) **청소년봉사** : 청소년과 젊은 성인들이 리더십 개발 활동, 국내외 지역사회 봉사 프로젝트 참여, 그리고 세계 평화와 이해 증진에 기여하는 교환 프로그램 등을 통해 달성하는 긍정적인 변화를 증진시킨다.

8) 청소년과의 활동을 위한 행동 선언문

국제로타리는 모든 로타리 활동 참가자들에게 안전한 환경을 조성하고 유지하기 위하여 노력한다. 활동에서 만나는 어린이들이나 청소년들을 보호하고, 이들이 신체적으로나 성적으로, 혹은 정서적으로 학대받는 일이 없도록 예방하기 위해 최선의 노력을 기울이는 것은 모든 로타리안과 그 배우자와 파트너, 다른 모든 자원봉사자들의 의무이다.

9) 국제로타리 모토

로타리봉사의 표어는 1910년 로타리 최초의 대회에서 "He Profits Most Who Serves His Fellow Best"(동료에게 가장 잘 봉사한 사람이 가장 많이 보답을 받는다.)라는 로타리의 철학이 나왔다.

1909년 미니애포리스RC 초대 회장이었던 벤 콜린스는 포트랜드에서 열린 제2회 대회에서 타인에 대해 봉사하는 의식의 중요성을 강조하여 "Service Not Self"(자신보다는 봉사)라는 표어를 제창하여 로타리의 좌우명이 나오게 되어 지금까지 로타리가 자랑할 수 있는 모토가 되고 있다.

그 후 두가지 표현은 수정이 되어 1950년에 디트로이트 국제대회에서 오늘의 공식 표어로 채택되었다.

■ 제1모토

초아(超我)의 봉사

(Service Above Self)

※ 1950년 디트로이트 국제대회에서 정식 채택

■ 제2모토

가장 훌륭하게 봉사하는 사람이 가장 많이 거두어 들인다.

(One profit most who serve best)

※ 1911년 포틀랜드 전미대회에서 채택

*He 〈 The 〈 현재의 One으로 2010 규정심의회에서 변경

※ 1989년 규정심의회에서 제1모토와 제2모토를 결정

10) 국제로타리 사명

타인에게 봉사하고, 정직을 고취시키며, 비즈니스와 각 직업분야 및 지역사회 리더들 간의 친교를 통해 세계이해와 친선, 평화를 증진시키는 것이다.

11) 로타리재단 사명

로타리재단의 사명은 보건증진, 교육 지원 그리고 빈곤 퇴치를 통해 세계이해와 친선, 평화 증진을 이룩하려는 로타리안들의 노력을 지원하는 것이며, 로타리재단의 모토는 '인류애의 실천'이다.

7. 국제로타리 전략계획

1) 로타리 비전 선언문

Together, we see a world where people unite and take action to create lasting change across the globe, in our communities, and in ourselves.

우리가 꿈꾸는 세상은 다함께 힘을 합하여 지구촌과 지역사회 그리고 우리 자신에게 창조적 변화를 끊임없이 실천하는 그런 세상입니다.

2) RI 전략 우선순위

(1) 우리의 임팩트를 확대한다.
(2) 우리의 영역을 확장한다.
(3) 참여 수준을 증대시킨다.
(4) 적응 능력을 강화한다.

3) 로타리 초점분야

로타리는 인류가 당면한 가장 긴급하고 절박한 필요에 부응하기 위하여 다음의 7대 초점 분야에 주력하고 있다. 로타리가 미치는 임팩트를 극대화하기 위해 활동을 집중하는 인도주의 분야를 '초점분야'라 지칭한다. 가장 성공적이고 지속가능한 로타리 프로젝트 및 활동은 바로 이러한 초점분야 내에서 펼쳐진다. 로타리는 글로벌 보조금을 비롯한 다양한 자원을 동원해 클럽들이 다음 분야에 봉사 노력을 집중하도록 지원한다. 로타리 재단이사회와 국제로타리 이사회는 로타리의 일곱 번째 초점분야에 환경 보존이라는 새로운 초점분야를 추가하였다.

로타리 7대 초점분야

평화 구축 및 분쟁 예방

로타리는 분쟁 지역에서 평화 증진 활동을 강화하고 장기적인 평화를 정착시키기 위한 교육 및 연수를 제공합니다. 로타리 평화 센터 고액기부 이니셔티브의 목표액인 미화 1억2,500만 달러를 조성해내기 위해서는 여러분의 도움이 필요합니다.

질병 예방 및 치료

해마다 1억이 넘는 인구가 비싼 의료비를 감당하지 못해 빈곤층으로 전락합니다. 로타리는 소아마비, HIV에이즈, 말라리아 등 주요 질병의 확산을 막기 위한 활동을 전개합니다.

수자원, 위생, 청결

전세계 25억 인구가 제대로 된 위생시설 없이 생활하고 있습니다. 로타리는 지역사회가 지속가능한 식수 및 위생시설을 갖추도록 지원하고, 주민들을 대상으로 깨끗한 물과 위생의 중요성에 대한 교육을 실시합니다.

모자 보건

영양실조, 열악한 보건의료 환경, 부적절한 위생시설로 인해 사망하는 5세 미만 아동의 수는 연간 700만 명이 넘습니다. 로타리는 영아들에게 예방접종과 항생제를 제공하고, 의료 서비스에 대한 접근성을 개선하며, 모자 보건 분야의 의료전문가들에게 연수를 제공합니다.

기본 교육과 문해력

오늘날 전세계 6,700만 아동들이 교육에서 소외되어 있습니다. 로타리는 기본 교육과 문해력을 지원하고, 교육에 있어서의 성차별을 감소시키며, 성인 문해력을 증진하기 위해 노력합니다.

지역사회 경제 개발

아직도 14억에 가까운 인구가 매일 미화 1.25달러 미만의 소득으로 생계를 이어가고 있습니다. 로타리는 지역사회 경제를 개선하고, 개인과 지역사회 모두가 스스로의 발전을 위한 역량을 키울 수 있는 기회를 창출합니다.

환경 보존

환경에 해로운 영향을 미치는 특정 문제를 포괄적으로 해결하는데 초점을 맞추고 있습니다. 실천에 나서는 사람들로서, 우리는 모두의 '집'인 이곳에서 긍정적이고, 측정가능하며, 지속가능한 영향을 미칠 수 있는 프로젝트를 수행합니다.

4) 로타리재단의 글로벌 보조금을 제공받을 수 있는 분야

평화 구축 및 분쟁예방

- 무력분쟁이나 박해로 발생한 난민 수가 4,200만 명에 달한다.
- 무력분쟁으로 인한 사상자의 90%가 민간인이며 그 중 최소한 절반은 어린이다.

■ 우리가 할 수 있는 일

- 폭력이나 박해의 위험에 처해있는 소외계층을 지원한다.
- 갈등을 일으키고 악화 시키는 요인을 파악, 이를 완화하기 위한 노력을 기울인다.
- 분쟁으로 인한 고아나 심리적 상처를 입거나 부상을 당한 어린이들을 돕는다.
- 분쟁이나 박해를 피해 나온 난민들에게 피난처를 제공한다.
- 로타리 평화 펠로우 지원자를 모집한다.
- 국제이해와 평화증진을 위해 다른 나라의 로타리클럽과 친선 및 봉사활동을 추진한다.

질병 예방 및 치료

- 10억 명의 사람들이 뎅기열이나 나병과 같은 방치된 열대성 질병으로 고통 받고 있다.
- 인구 1만 명 당 의료 요원이 23명 미만인 국가가 57개국에 달한다.
- 세계적으로 6명 당 1명은 의료비를 지급할 형편이 못된다. 매년 1억의 인구가 의료비 부담으로 인해 빈민으로 전락한다.

■ 우리가 할 수 있는 일

- 질병의 전염경로와 예방법에 대한 교육프로그램을 지원한다.
- 전염병에 대한 면역 활동을 지원한다.
- 장학금이나 급료지원 등 보건요원들에게 지속적인 지원과 교육을 실시한다.
- 의료 외곽지대에 저비용이나 무료로 이용할 수 있는 의료 시설을 확대한다

수자원, 위생, 청결

- 전 세계에는 25억 명이 기본적인 위생시설을 갖추지 못한 채 살고 있다.
- 매일 3천 명의 어린이가 오염된 식수, 위생시설 부족 등에 따른 질병에 의해 사망한다.
- 아프리카 일원에서는 여성들이 물을 긷는데 하루 평균 6시간을 쓰고 있다.
- 지구상에는 7억 8천 3백만 명이 깨끗한 물을 마시지 못하고 있다.

■ 우리가 할 수 있는 일

- 정화조를 갖춘 화장실을 만들어 위생 상태를 개선시킨다.
- 비누로 손 씻기 등 교육을 통하여 좋은 위생습관을 가르친다.
- 식수와 농사, 관계 등에 사용할 수 있는 빗물 저장시설을 설치한다.
- 지하수를 길어 올릴 수 있는 우물을 설치한다.
- 가정에서 안전한 식수를 마실 수 있도록 정수 장비를 제공한다.
- 물을 정화하는 염수정제나 플라스틱 물병 등 비용이 저렴한 해결책을 제공한다.

모자보건

- 매년 700만 명이 영양실조와 비위생적인 환경, 적절한 의료처치를 받지 못해 사망한다.
- 임신이나 출산으로 인한 사망의 80%는 적절한 검진과 의료처치로 예방이 가능하다.
- 2억 1,500만 명의 여성들이 적절한 피임수단이 없어 원치 않는 임신을 한다.

■ 우리가 할 수 있는 일

- 예방접종과 항생제를 제공한다.
- 모유의 장점 등 영양의 중요성을 교육한다.
- 적절한 약과 인공수유를 통해 어머니가 아이에게 HIV를 옮기는 일이 없게 한다.
- 의료 관계자들에게 출산장비 키트를 제공한다.
- 가족계획에 대한 정보와 자원을 제공하고 피임도구에 대한 접근을 확대시킨다.

기본교육과 문해력

- 전 세계적으로 6,700만 명이 기본교육의 기회를 제공 받지 못한다.
- 전 세계 15세 이상 인구 중 7억 7,500만 명이 문맹이다.

■ 우리가 할 수 있는 일

• 교사 연수와 필요한 학교용품을 제공한다.
• 교과과정 개발을 위한 교사연수를 실시하도록 직업연수 팀을 파견한다.
• 교실에서 혹은 방과 후 학교를 위해 자원봉사를 한다
• 학교 재학율을 높이고 건강문제로 인한 학생들의 결석을 예방하기 위해 학교급식
  이나 식수공급/ 위생시설 등을 공급한다.
• 다문화 가정 여성들을 위한 성인 문해력 프로그램을 개발한다.
• 지역사회 내에서 학생들의 멘토 역할을 담당한다.

지역사회 경제 개발

- 14억 명의 사람들이 하루에 1.25달러 미만의 수입으로 살아간다.
- 1억 9천만 명의 사람들이 영세민 창업융자를 통해 생업 활동을 하고 있다.

■ 우리가 할 수 있는 일

• 지역사회에서 금융 인프라를 구축하고 서비스를 제공할 수 있도록 지역 소액 융자
  기관과 파트너십을 맺는다.
• 직업연수 팀을 파견하여 지역사회 지도자들에게 사업계획 개발과 회계장부 유지
  등을 교육시킨다.
• 협동조합에 물품이나 장비 등을 제공하여 생산 및 판매 확대를 꾀한다.

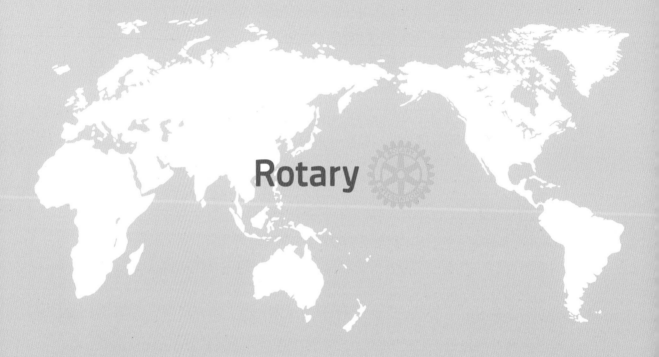

로타리

Chapter 2
로타리 이미지

Chapter 2. 로타리 이미지

일반 대중이 로타리에 대해 긍정적인 이미지를 갖고 있을 때, 봉사를 위한 우리의 역량이 확대된다. 로타리안 한 사람 한 사람의 언행은 로타리를 대표하며, 로타리에 가입하는 것은 로타리의 가치를 구현하기로 약속하는 것과 다르지 않다. 우리는 모두 로타리의 이야기를 널리 전하고 회원으로서의 자긍심을 내보임으로써 로타리에 대한 대중의 이해를 높일 수 있는 힘을 갖고 있다. 우리의 이야기가 잘 알려질수록 로타리가 펼치는 인도주의 노력에 대한 대외적인 인식이 확립된다.

1. 로타리 휘장

로타리의 휘장은 초기에는 마차의 바퀴를 본뜬 간소한 것으로 '문명과 운동'을 상징한 것이다. 이 휘장은 시카고 로타리클럽 회원이며 조각가였던 몬 타큐 M 베어가 1905년에 디자인 한 것으로 초기에는 클럽들이 이에 약간 손질한 바퀴를 휘장으로 사용했다. 그리고 1922년에 로타리안만이 사용할 수 있는 통일된 휘장을 공식으로 결정했다. 이에 따라 1923년에 바퀴의 톱니 모양을 한 휘장이 제정됐다. 이것은 24개의 톱니바퀴와 76개의 바퀴살을 가진 것이다. 그 후에 톱니바퀴에 축혈(軸穴)을 첨가하게 됐다. 이 축혈이 없으면 톱니가 차축에 힘을 전달할 수 없어서 놀게 된다는 것이 그 이유라고 설명하고 있다. 이 휘장의 모양은 미국 텍사스주 달라스시에서 1929년도 대회에서 공식으로 제정됐다.

2. 로타리휘장의 변천

 1905년 시카고에서 탄생한 로타리클럽이 몇 번 회합을 거듭한 다음, 회원들은 적합한 문장 – 그들 조직의 발전의 의미를 상징하는데 관하여 논의하기 시작하였다. 한 회원은 평형추가 붙은 기관차 바퀴와 연결봉에 'Rotary Club'이라고 적은 도안을 제시했다.

 몬테크 M.베어(Montague M.Bear)가 마차 바퀴를 제안하여 이것이 채택되었다. 그는 그후 움직이는 것을 표시하기 위하여 바퀴의 앞뒤에 먼지를 그려 놓았다. 그 후 이 도안에 'Rotary Club'이라고 적은 장식 리본이 추가되었다.

 1910년에 미국내 16개 클럽이 참석한 첫 대회가 시카고에서 개최되어 새로 로타리클럽 전미연합회가 결성되었다. 이때 마차바퀴와 먼지와 장식리본이 있는 로타리문장의 윗부분에 'National Association'이라는 문자가 추가되었다.

 초창기 문장은 일정하지 않았다.
그러나 거의 모든 클럽은 다양하게 마차바퀴를 썼다.

 1912년 덜루스 대회에서 기본 도안으로 톱니바퀴가 채택되고 약간의 변형이 있었으나. 대체로 8개의 바퀴의 살에 바퀴의 변두리 윗부분에 'Rotary' 아랫부분에 'International Assiciation'이라고 적힌 것이 채택되었다.
이때 톱니바퀴는 19개였다.

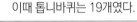

 1922년 미국 로스엔젤레스대회에서 로타리클럽 국제연합회(International Assiciation of Rotary Clubs)가 국제로타리(Rotary International)로 개칭되었고, 1923년 캐나다의 토론토 대회에서 현재 24개의 톱니, 6개의 바퀴의 살에 열쇠구멍이 그리고 변두리의 감청색 부분에 Rotary International이라고 적힌 것이 채택되었다. 로타리 컬러(Rotary Color)는 감청색과 금색으로 정해져 있으나 문장에 공식적으로 의미를 붙인 것은 없다.

Rotary 2013년 로타리는 공식 로고에 'Rotary'를 추가하여 바퀴 바로 옆에 글자를 넣었다. 로타리의 바퀴 휘장은 탁월성의 상징으로 이어지고 있다. 공식 로고의 일부인 바퀴 문양은 강한 인상을 주기 위해 로고와 가까운 곳에 확대된 크기로 배치될 수 있다.

3. 로타리 공식 로고(사용법)

톱니바퀴 모양의 로타리 휘장이 오랫동안 로타리의 로고로 사용되어왔다. 'Rotary International'이라는 명칭이 휘장 안에 포함되긴 했지만, 너무 작아 멀리서는 눈에 뜨이지 않아서 사람들은 어떤 프로젝트나 봉사 활동에 로타리가 참여했다는 사실을 모르는 채 지나치곤 했다. 이에 2013년, RI는 휘장 옆에 'Rotary'라는 단어를 함께 쓰기로 결정했다.

새로운 공식 로고는 '마스터브랜드 시그니처'라 부르며, 로고가 필요한 공간에는 가능한 반드시 사용해야 한다. 로타리 휘장은 우리의 긍지를 나타내는 상징으로 강한 인상을 주기 위해 로고와 가까운 곳에 확대하여 배치할 수 있다. 휘장만 단독 사용할 수는 없으며 반드시 공식로고, 즉 마스터브랜드 시그니처와 함께 사용해야 한다.

마스터브랜드 시그니처

긍지의 상징

간소화된 마스터브랜드 시그니처

마스터브랜드 시그니처는 로타리의 공식 로고로, 한눈에 알아보고 브랜드를 인식할 수 있도록 로타리 휘장과 'Rotary'라는 글자(로타리 워드마크)를 조합한 것입니다.

로고는 반드시 이와 같은 형태로 사용해야 하며, 휘장과 글자는 따로 떼어 사용할 수 없습니다. 'Rotary'라는 글자는 워드마크이므로 따로 문자로 입력해 사용해서는 안 됩니다. 로고에는 이 페이지에 제시된 색상만 사용 가능합니다.

마스터브랜드 시그니처와 간소화된 마스터브랜드 시그니처 모두 인쇄물 및 디지털 콘텐츠에 사용할 수 있습니다. 로고 크기가 1.25cm 미만이거나 자수로 표현될 경우 간소화된 마스터브랜드 시그니처 사용을 권장합니다.

긍지의 상징

로타리 휘장은 긍지의 상징으로도 불립니다. 긍지의 상징을 사용할 때는 브랜드를 명확하게 인식시킬 수 있도록 인접한 공간에 마스터브랜드 시그니처를 배치할 것을 권장합니다.

최대 높이는 제한이 없고 최소 높이는 인접한 마스터브랜드 시그니처 내 휘장 높이의 3배입니다.

긍지의 상징은 간소화된 버전이 없으며, 톱니바퀴 문양 안에는 'Rotary International'이라는 글자가 반드시 들어가 있어야 합니다.

배치예시

1페이지 인쇄물

복수 페이지 인쇄물(뒷표지/앞표지)

공식 로고와 회기테마

로타리 공식 로고와 회기 테마는 변형하거나 일부를 잘라 사용할 수 없으며, 고유의 로고를 훼손하지 않는다.

4. 로타리 공식 색상

로타리 공식 색상은 우리의 특성인 끈기와 온정, 영감과 명석함을 나타낸다. 주요 색상은 세 가지의 파란색과 금색이다. 주요 색상을 로타리 색상체계의 다른 색보다 자주 사용해 일관된 이미지와 느낌을 전달한다.

'로타리 아주어'를 가장 많이 사용하고, '로타리 스카이 블루'와 '로타리 로열 블루'는 보완이나 강조용으로 사용한다. 로타리 골드는 페이지에 포인트를 주는 용도이다.

2차 색상은 강조나 차별화가 필요할때만 제한적으로 사용하도록 한다.

파스텔톤 및 중성색은 배경과 레이아웃에서, 혹은 위계가 있는 정보를 다룰 때 주된 색상을 압도하지 않고 유연하게 사용할 수 있는 색상이다.

모든 색상은 서로 조화를 이루도록 세심하게 선정되었다. 따라서 변조하지 않은 순수한 색상을 사용해야 한다.

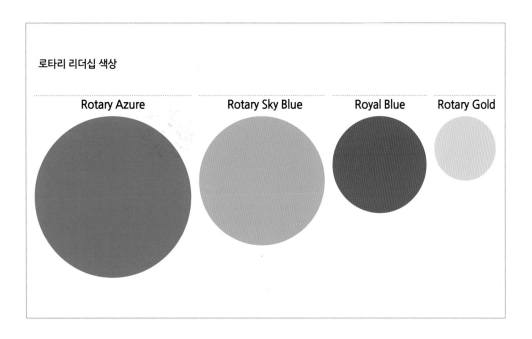

로타리 리더십 색상

Rotary Azure   Rotary Sky Blue   Royal Blue   Rotary Gold

2차 색상

Cranberry   Turquoise

Violet   Orange

파스텔톤

Slate   Mist   Lavender

Powder Blue   Moss   Taupe

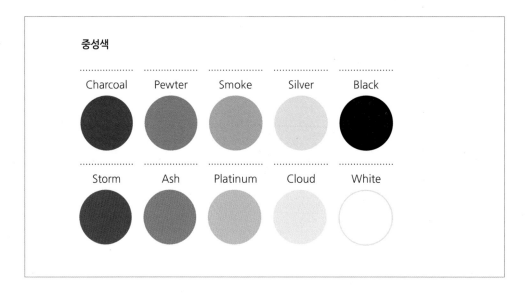

중성색

| Charcoal | Pewter | Smoke | Silver | Black |

| Storm | Ash | Platinum | Cloud | White |

5. 로타리 글꼴

한글-무료글꼴

1차 글꼴: 큰 제목과 메인 네비게이션에는 볼드체로 사용. 작은 제목, 하위 네비게이션, 인포그래픽, 로고 락업(lockup), 식별자, 빽빽한 본문 등에는 보통 굵기로 사용.

나눔고딕

ExtraBold
가나다라마바사아자차카타파하1234567890

Bold
가나다라마바사아자차카타파하1234567890

Regular
가나다라마바사아자차카타파하1234567890

2차 글꼴: 세부 제목, 캡션, 설명선, 말풍선, 글상자, 식별자 등에 사용.

나눔명조

ExtraBold
가나다라마바사아자차카타파하1234567890

Bold
가나다라마바사아자차카타파하1234567890

Regular
가나다라마바사아자차카타파하1234567890

영문-유료, 무료글꼴

유료글꼴-라이선스를 구입해 사용

1차 글꼴*: 큰 제목과 메인 네비게이션에는 압축(Condensed) 스타일을 대문자만으로 사용. 작은 제목, 하위 네비게이션, 인포그래픽, 로고 락업(lockup), 식별자, 빽빽한 본문 등에는 보통 스타일 사용.

2차 글꼴*: 작은 제목, 캡션, 설명선, 말풍선, 글상자, 식별자 등에 사용.

FRUTIGER LT STD

ABCDEFGHIJKLMabcdefghijklm1234567890

47 Light Condensed   57 Condensed
67 Bold Condensed   77 Black Condensed

ABCDEFGHIJKabcdefghijk12345678

45 Light   *46 Light Italic*   55 Roman
56 Italic   **65 Bold**   *66 Bold Italic*
75 Black   *76 Black Italic*
95 Ultra Black

Sentinel

ABCDEFGHabcdefgh1234567890

Light   *Light Italic*   Book   *Book Italic*
Medium   *Medium Italic*   Semibold
Semibold Italic   **Bold**   *Bold Italic*
Black   *Black Italic*

무료 글꼴 — 라이선스 구입이 어려운 경우 유료 글꼴 대신 사용.

OPEN SANS

ABCDEFGHIJKabcdefghijk1234567890

Condensed Light   *Condensed Light Italic*
Condensed Bold

ABCDEFGHabcdefgh12345678

Light   *Light Italic*   Regular   *Italic*
Semibold   *Semibold Italic*
Bold   *Bold Italic*
Extra Bold   *Extra Bold Italic*

ARIAL NARROW

ABCDEFGHIJKLMNOPQRSTUVWXY
Zabcdefghijklmnopqrstuvwxyz12345

Regular   *Italic*   Bold   *Bold Italic*

Georgia

ABCDEFGHIJKLMNOPQRSTU
VWXYZabcdefghijklmnopqrstu
vwxyz1234567890

Regular   *Italic*   **Bold**
Bold Italic

* 브랜드 글꼴을 구매하려면 graphics@rotary.org로 문의하세요.

6. 로타리 핀

로타리 회원 핀

로타리 핀은 자랑스러운 로타리안의 상징이다. 핀 디자인이나 색상에 변경이 없으므로 현재 가지고 있는 회원 핀과 로타리 인가업체를 통해 구매하는 회원핀은 모두 사용 가능하다.

7. 로타리 기

로타리 공식 깃발

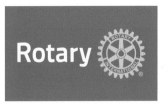

공식 로타리기(旗)는 1929년 미국 텍사스주 달라스시에서 개최된 로타리국제대회에서 공식 기(旗)를 채택했다.
로타리기는 로타리 세계본부 및 모든 로타리 국제대회나 공식행사에 항상 게양된다.

8. 로타리 노래

R - O - T - A - R - Y

Norris C. Morgan

R - O - T - A - R - Y, That spells
알 오 티 에이알 와이 그 이름

Ro - ta - ry;_____ R - O - T - A - R -
로 타 리 알 오 티 에이알

Y is known on land and sea;_____ From
이 세 계 에 퍼 졌 네 ― 전

North to South, from East to West. He prof - its
세 계 인 류 위 하 여 희 생 과

most who serves the best; R - O - T -
봉 사 다 하 세 알 오 티

A - R - Y. That spells Ro - ta - ry._____
에이 알 와이 그 이름 로 타 리

로타리 *스케치*

여름

로타리를 연다

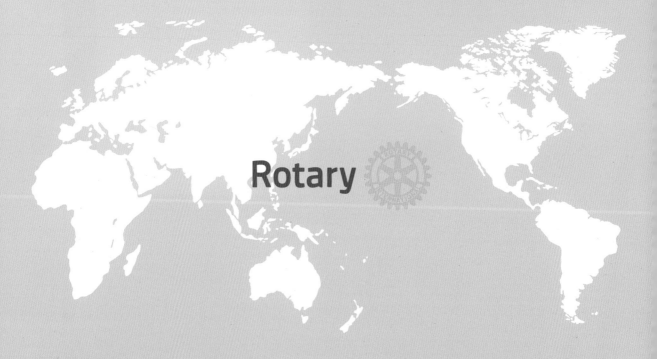

로타리

Chapter 3. 로타리 각종행사 표준 의전

1. 의전의 개념

국제로타리는 국제적인 공식 봉사단체로서 각종 행사를 진행함에 있어 그 위상과 품격에 걸맞는 의전이 필요하다.

의전의 정의

의전은 참석자 모두가 자연스럽고 편안하면서도 보람과 만족스러움을 느낄 수 있도록 격에 맞는 예의와 격식을 갖추는 일이라 할 수 있다.

행사를 보다 품위 있고 격조 높게 치른다는 것은 결과적으로 로타리안들의 품위를 격상시킴과 동시에 로타리 이미지 향상에도 크게 기여하게 될 것이다. 이러하기 위해서는 행사진행에 앞서 빈틈없는 세심한 사전 준비와 철저한 리허설이 필요하다.

관습(customs)과 절차(procedure)를 특히 중요시하는 분야이므로 과거의 사례와 그 지역의 관습과 규례를 참고하여 그 지역특성에 맞도록 조정·시행할 수도 있다.

2. 로타리 의전

국제로타리 본부 임원진이 참석하는 경우의 의전 서열

- RI 회장 (또는 RI 회장대리)
- RI 전회장 (선임순)
- RI 차기회장
- RI 차차기회장
- RI 부회장
- RI 재무
- RI 이사회 집행위원장
- RI 이사
- 로타리재단 이사장
- 로타리재단 차기 이사장
- 로타리재단 부이사장
- 로타리재단 이사
- RI 사무총장
- RI 전이사 (선임순)
- RI 차기 이사
- 로타리재단 전 이사 (선임순)
- 로타리재단 차기 이사
- 로타리재단 차차기 이사
- RI 전 사무총장 (선임순)
- RIBI 회장, 직전 회장, 명예 재무
- 지구 총재
- 지구 전총재 (선임순)
- RC, RPIC, RRFC, E/MGA
- 지구 차기 총재
- 지구 차차기 총재

※ 1) 2014년 1월 RI 이사회에서 변경

   2) 이 서열은 모든 RI 회합, 행사 영접순서, 출판물 등에 적용

- RI 회장 또는 RI 회장대리. RI 재단 이사장
- RI 이사 / 재단 이사
- (사)한국로타리 총재단 의장
- 기관장 : 도지사, 시장, 국회의원
- RI 전 이사 / 재단 전 이사 / 차기 이사
- (사)한국로타리 총재단 전 의장 / 차기 의장
- 현 총재단 (지구순)
- 전 총재단 (지구순, 역임순)
- 로타리 코디네이터, 로타리 공공이미지 코디네이터, 로타리재단 지역코디
  네이터, 인다우먼트/메이저 도너 어드바이저, 국제연수리더
- (재)한국로타리 장학문화재단 이사장
- (사)로타리코리아 위원장
- (사)한국로타리 청소년연합 이사장
- 한국로타리 각위원회 위원장
- 외국내방 지구 총재 및 방문팀
- 선출직 단체장 및 의회 의장
- 차기 총재 (지구순)
- 차차기 총재 (지구순)
- 각급 기관장 : 의원, 경찰서장, 사회단체장
- 외국 내방 지구 / 클럽회원
- 지구 대회장
- 지구대회 준비위원장
- 총재지역대표
- 총재특별대표
- 지구사무총장 / 지구재무
- 지구사무차장 / 지구위원장
- 클럽회장

※ 로타리 행사에서 임원들에 대한 호명은 의전 규정에 따라 1회에 국한된다. 아울러 임원들의 직위는 현직이 전직에 우선하며, 전직은 차기 직에 대하여 우선권을 갖는다. 2개 이상의 직위를 가진 임원은 높은 직위로 서열을 정하며, 동반배우자는 배우자와 동일한 서열을 갖는다.

서열이 높은 비로타리안이 로타리 행사에 참석하였을 경우, 현지 관습에 따라 의전 서열을 부여하도록 한다. 게스트로 참석한 비로타리안의 서열이 로타리안보다 낮을 경우, 사전에 게스트들에게 알려 양해를 구할 것이 권장된다. (로타리 정책규약 26.050.)

※ 지구단위 행사에 있어 행사 집행위원과 총재지역대표는 내빈이 아님을 유념할 것
※ 상장이나 상패, 임명장, 위촉장에 수여자나 수상자의 성명만 기재하고 아호는 기재하지 않는 것을 원칙으로 한다.

3. 국기, 로타리기 및 외국기의 게양 및 배열

행사시 국기와 로타리기를 게양할 경우

※ 단상을 향해 왼쪽에 태극기, 오른쪽에 로타리기

외국기와 함께 게양할 경우

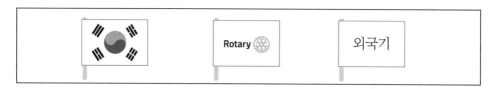

※ 단상을 향해 왼쪽에 태극기, 가운데 로타리기, 오른쪽에 외국기

로타리기, 외국기 및 지구기와 함께 게양할 경우

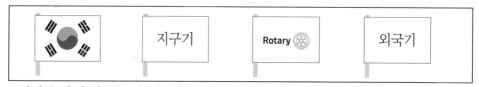

단상을 향해 맨 왼쪽에 태극기, 지구기, 로타리기, 외국기 순으로 할 것
※ 각 클럽에서 클럽기와 함께 배열할 때도 위와 같은 순서로 할 것

- 로타리기 게양식 등 특별 행사 때 로타리 축가 연주

※ 베토벤 "에그먼트"서곡의 행진곡에 나오는 노래 편곡 선정
※ 1999 ~ 2000 RI 2차 이사회 결의

4. 국민의례

국민의례의 정식 절차

○ 국민의례 시행방법 관련조항 신설(제5조~제7조)

   - 국기에 대한 경례 : 「대한민국 국기법 시행령」제3조에 따라 실시

• 제복을 입지 아니한 국민은 국기를 향하여 오른손을 펴서 왼쪽 가슴에 대고 국기를 주목하거나, 모자를 쓴 경우 오른 손으로 모자를 벗어 왼쪽 가슴에 대고 국기를 주목

• 제복을 입은 국민은 국기를 향하여 거수 경례

---

* 「국기의 게양·관리 및 선양에 관한 규정」(총리훈령) 에 따라 행사장에 실물 태극기 설치(게시·게양) 등

   - 애국가 제창 : 선 자세로 힘차게 제창하되 곡조 변경 금지

   - 순국선열과 호국영령에 대한 묵념 : 바른 자세로 눈을 감고 고개를 숙여 예를 표하되, 묵념 대상자를 임의로 추가 금지

○ 중앙행정기관의 장은 소관사무와 관련하여 지방자치단체의 장에게 공식행사 시 국민의례 실시 권고 가능(제8조제2항)

○ 사회자 멘트 등 국민의례 진행요령 개정(별표4)

현 행	개 정	개정 사유
• "먼저 국민의례<u>가</u> 있겠습니다."	• " ~<u>를 하겠습니다.</u>"	사실적 → 적극적 표현
• "<u>모두</u> 자리에서 일어나 앞에 있는 국기를 향해 주시기 바랍니다."	• (좌동) ※ 사회자가 행사 시작 전에 일어나기 어려운 장애인 등을 배려하는 적절한 안내 실시	장애인 등 배려
• (국기에 대한 경례방법) <u>오른손을 펴서 왼쪽 가슴에 대고 ~.</u>	<u>오른손가락을 가지런히 모으고 손바닥을 펴서 ~.</u>	경례요령 구체화
• "순국선열 및 호국영령에 대한 묵 념이 있겠습니다."	• " ~<u>과 ~을 올리겠습니다.</u>"	문어체 → 구어체 예사말 → 존대말
• (<u>약식절차1·2</u>) 기관장 이·취임식	(<u>정식절차2</u>) 기관장 이·취임식	애국가 제창 생략 → 애국가 1절 제창

5. 각종행사 식순

회장 및 임원 이사 이 · 취임식

- 개회선언 및 타종 ·····································이임회장
- 국민의례 ···사회자
- 로타리의 목적 낭독 ·······················지명받은 회원
- 네가지 표준 제창 ·························· 지명받은 회원
- 로타리 송 제창 ··································· 송 리더
- 내빈 소개 ··이임회장
- 클럽연혁 및 봉사 현황 보고 ················· 부회장
- 봉사사업 및 시상, 표창 ······················· 이임회장
- 신임 회장 소개 ································· 이임회장
- 이임사 ··이임회장
- 이취임 절차························신임.이임회장
    (1) 클럽기 인수 · 인계
    (2) 로타리 종 및 타봉
    (3) 배지(핀) 교환
    (4) 사찰띠 인수 · 인계 ····················이임. 신임 사찰
** 사회자 교체(이임총무와 신임총무)
- 취임사 ··신임회장
- 감사패 수여(이임회장에게) ·······················신임회장
- 꽃다발증정(신임, 이임회장에게) ···············지명받은 회원
- 신입회원 입회 선서 ······························신임회장
- 신임임원 소개 ··································신임회장
- 총재 치사 ···총재
- 축사 ··지명받은 내빈
- 공지사항 ···사회자
- 폐회선언 및 폐회타종 ·····························신임회장

※ 제안사항

1) 총재 불참 시 총재지역대표가 총재치사를 대독한다.

2) 이.취임 절차 전까지 사회는 현총무가, 절차이후는 신임총무가 진행한다.

클럽 정기모임(주회)

- 개회 ···사회자
- 성원보고 ···사회자(생략가능)
- 개회선언 및 타종 ·······································회장
- 국민의례 ···사회자
- 네가지 표준 제창 ·· 지명 받은 회원
- 로타리 송 제창 ··· 송 리더
- 내빈 및 내방 로타리안 소개 ·························회장
- 회장인사 ···회장
- 신입회원 선서 및 환영 ·······························신입회원
- 생일축하 (해당회원 있을 때) ·······················사회자
- 특별 순서 ···회장
  (1) 초청강연
  (2) 회원 스피치
- 회무보고 ···총무
- 각 분과위원회 보고 ····································각 위원장
- 성금제의, 사찰 활동 및 성금 집계 보고 ···········사찰
- 기타(공지사항)
- 폐회선언 및 폐회타종 ·································회장

※ 초청 강연은 가급적 월1회 30~50분으로 하고 회원 5분 스피치는 로타리 지식 시
   간으로 편성한다.

※ 정기모임(주회)의 성원보고는 '2007 절차요람' 로타리클럽 세칙 제5조 3항(p.256) 「본 클럽의 연차 총회 및 정기모임(주회)의 정족수는 총 회원 수의 3분의 1이상으로 한다.」라고 되어있다.

단. 정기모임(주회)는 성원이 미달되어도 산회하지 않고 진행한다.

※ 제안사항

1) 네가지 표준 제창의 경우 선창자는 숫자와 문안을 선창하고 복창자는 문안만 제창한다.

2) 국민의례는 기립하여, 로타리의 목적, 네 가지 표준은 착석하여 진행한다.

3) 정기모임(주회) 진행 중(회장인사 끝난 후)에 식사를 하여도 무방하다.

4) 신입회원 선서는 앞으로 나와 마주 서있는 상태로 회장에게 한다.

5) 정기모임(주회) 시는 네 가지 표준만 제창하고, 기념식 등 큰 행사에는 로타리의 목적을 낭독한다.

외부 인사가 없을때에는 로타리의 목적 낭독과 네가지 표준 선창을 같이 할수 있다.

총재공식방문 정기모임(주회)

■ 총재영접

■ 회장, 총무 면담

■ 클럽협의회 (클럽 분과위원회 사업 보고)

- 개회 ··사회자

- 개회선언 및 타종 ···회장

- 클럽 회장 인사 ·· 회장

- 클럽 임원 및 이사 소개 ···································· 회장

- 지구 임원 소개 ··총재

- 위원회별 발표

  (가) 클럽 회장이 총괄 보고 ································회장

  (나) 5대 봉사위원회별 보고 ·······························위원장

- 총재 인사 ···총재

- 총평 ···총재

- 폐회선언 및 폐회타종 ·······································회장

- 기념촬영

총재공식방문 합동 정기모임(주회)

- 개회선언 및 타종 ·······································회장
- 국민의례 ··사회자
- 로타리의 목적 낭독 ························· 지명받은 회원
- 로타리 노래 제창 ···························지명받은 회원
- 내빈 소개 ···회장
- 총재약력 소개 ···································총재지역대표
- 클럽 소개 ························· 총재지역대표(합동 정기모임시)
- 신입회원 입회식 ··································· 회장
- 선물 및 꽃다발 증정(총재에게) ·················· 회장
- 위촉장 수여 ··· 총재
- 총재공식방문 기념품 및 봉사금 전달 ···············총재
- 환영사 ···회장
- 총재치사 ···총재
- 축 사 ···내빈
- 공지사항 ··사회자
- 폐회선언 및 폐회타종 ······························회장
- 기념촬영

※ 제안사항

1) 총재연설에는 RI회장 메시지, 지구운영방침 및 클럽에 대한 요망사항 등이 언급 되기 때문에 약20분 정도의 시간을 할애하도록 배려한다.

2) 기념촬영은 폐회타종 후에 하도록 한다.

3) 식사는 총재 인사 후 또는 폐회타종 후 어느 것으로 할 것인가를 미리 예고한다.

직장 정기모임(주회)

- 개회 ··사회자
- 개회선언 및 타종 ··회장
- 국민의례 ··사회자
- 네가지 표준 제창 ································· 지명 받은 회원
- 로타리 송 제창 ······································· 송 리더
- 회장인사 ··회장
- 모범직원 표창 ··· 회장
- 회원업체 소개 ··협찬 회원
- 직장주회 협찬회원 인사 ·····························협찬 회원
- 직장주회 협찬회원에게 선물 또는 기념품 증정 ·········회장
- 회원스피치 ······································· 지명 받은 회원
- 회무보고 ··· 총무
- 각분과위원회 보고 ··································분과위원장
- 성금제의, 사찰활동 및 성금보고 ·····················사찰
- 기타
- 폐회선언 및 폐회타종 ·································회장

신생클럽 창립총회

■ 제1부

- 개회 ···사회자
- 개회선언 및 타종 ··스폰서클럽 회장
- 국민의례 ···사회자
- 로타리의 목적 낭독 ·······································지명 받은 회원
- 네 가지 표준 제창 ···지명 받은 회원
- 로타리 송 제창 ···송 리더
- 내빈소개 ·······································스폰서클럽 회장
- 경과보고 ·······················총재특별대표(신생클럽 어드바이저)
- 환영사 ···스폰서클럽 회장
- 입회선서 ··· 신생클럽 전회원
- 배지수여 ·······················총재단, 스폰서클럽 회장, 회원
- 초대 회장 소개 ···································· 총재특별대표
- 클럽기 전달··· 지구총재
- 타종봉 증정 ·································스폰서클럽 회장
- 공로패 증정 ··· 지구총재
  (총재특별대표, 스폰서클럽 회장)

** 사회자 교체 ·······································신생클럽 총무

- 취임사 ·· 신생클럽 초대회장
- (꽃다발 전달) ·······························지명받은 회원, 내빈
- 신생클럽 임원 소개 ······························신생클럽 초대회장
- 기념사업(있을 경우) ···························· 신생클럽 초대회장
- 치사 ·······························총재 (총재 : 창립지원금 전달)
- 격려사 ·····························총재특별대표(특별대표 : 창립지원금 전달)

- 축사 ·· 내빈

- 케익 커팅 및 축배 ······································· 총재, 초대회장

- 공지사항 ·· 신생클럽 총무

- 폐회선언 및 폐회타종 ······································· 초대회장

■ 제2부 - 오찬 또는 만찬

RI 가입 인증서 전수식

- 개회 ·· 사회자

- 개회선언 및 타종 ··· 회장

- 국민의례 ··· 사회자

- 로타리의 목적 낭독 ······················· 지명 받은 회원

- 네 가지 표준 제창 ························· 지명 받은 회원

- 로타리 송 제창 ··· 송 리더

- 내빈 소개 ··· 회장

- 경과 및 현황보고 ························· 지명 받은 회원

- 가입 인증서 전달 ······································· 총재

- 시상 또는 기념품 전달 ··················· 스폰서 클럽 회장

- 기념사 ··· 회장

- 치사 ··· 총재

- 격려사 ··· 총재특별대표

- 축사 ··· 스폰서클럽 회장

- 축사 ··· 내빈

- 공지사항 ··· 총무

- 폐회선언 및 폐회타종 ····························· 회장

RI 가입 ＿＿＿주년 기념식 (또는 창립 ＿＿＿주년 기념식)

- 개회 ··· 사회자

- 개회선언 및 타종 ·· 회장

- 국민의례 ··· 사회자

- 로타리의 목적 낭독 ······························ 지명 받은 회원

- 네 가지 표준 제창 ······························· 지명 받은 회원

- 로타리 송 제창 ··· 송 리더

- 내빈소개 ··· 회장

- 클럽연혁 및 현황보고 ···························· 지명 받은 회원

- 기념품 증정(창립회원 및 고령회원에게) ··················· 회장

- 봉사 사업금 전달(계획이 있는 경우)

- 기념사 ·· 회장

- 치사 ·· 총재(지역대표)

- 축사 ························· 창립 특별대표, 스폰서 클럽 회장

- 축사 ··· 내빈

- 공지사항 ··· 사회자

- 폐회선언 및 폐회타종 ······································ 회장

※ 제안사항

창립기념식 행사는 클럽실정에 맞추어 하되 5주년 10주년 등과 같이 5년 단위로 거행 하는 것이 바람직하다.

연차총회

- 성원보고 ·· 사회자
- 개회선언 및 타종 ·· 회장
- 국민의례 ·· 사회자
- 네가지 표준 제창 ·· 지명 받은 회원
- 로타리 송 제창 ··· 송 리더
- 내빈소개 및 내방 로타리안 소개 ································· 회장
- 회장인사 ·· 회장
- 시상 ··· 회장
- 회무보고 ·· 총무
- 각 위원회 보고 ··· 각 분과위원장
- 차기회장단 임원 및 이사 선출
- 차차기 회장 선출
- 꽃다발 증정
- 클럽 정관, 세칙 및 내규 개정(개정사항이 발생시)
- 성금제의, 사찰활동 및 성금보고 ······························· 사찰
- 기타 ··· 사회자
- 폐회선언 및 폐회타종 ·· 회장

송년정기모임(주회)

■ 제1부

- 개회 ··사회자
- 개회선언 및 타종 ···································회장
- 국민의례 ···사회자
- 로타리의 목적 낭독·······················지명 받은 회원
- 네가지 표준 제창 ························· 지명 받은 회원
- 로타리 송 제창 ······························· 송 리더
- 송년사 ···회장
- 시상 ··회장
  (상반기를 기준하여 시상 부분이 있을 경우에만 진행)
- 연말연시 사회봉사활동 실시(계획이 있을 때)
- 차기이사 소개 ···································차기회장
  (생략 할 수 있다. 단, 12월에 연차총회를 개최하여 선발되었기 때문에 소개해도
  무방하다.)
- 기타
- 폐회선언 및 폐회타종 ·························회장

■ 제2부

- 오찬 또는 만찬

자매결연 조인식

■ 제1부

- 개회 ···사회자

- 개회선언 및 타종 ·····································회장

- 국민의례 ··· 사회자

- 로타리의 목적 낭독 ·······························지명 받은 회원

- 네 가지 표준 제창 ·································· 지명 받은 회원

- 로타리 송 제창 ·······································송 리더

- 내빈소개 ··· 회장

- 경과보고 ···지명 받은 회원

- 자매결연 조인서 교환 ··························· 회장, 단체장

- 자매결연 기념품 교환 및 꽃다발 증정 ···········회장

- 회장인사 ···회장, 단체장

- 격려사 ···내빈

- 축사 ··내빈

- 공지사항 ···총무

- 폐회선언 및 폐회타종 ·····························회장

신입회원 지식 연수회

■ 제1부

- 개회 ··사회자
- 개회선언 및 타종 ··회장
- 국민의례 ··· 사회자
- 로타리의 목적 낭독 ···지명 받은 회원
- 네 가지 표준 제창 ··· 지명 받은 회원
- 로타리 송 제창 ··송 리더
- 내빈 및 연수 리더 소개 ···회장
- 회장인사 ··회장
- 격려사 ······································· 총재 또는 총재지역대표
- 연수 및 초청 강연
- 질의 응답시간
- 폐회선언 및 폐회타종 ···회장

인터랙트(로타랙트·리틀랙트) 클럽 창립총회

- 개회 ···사회자
- 개회선언 및 타종 ·································스폰서클럽 회장
- 국민의례 ···사회자
- 인터랙트(로타랙트·리틀랙트)목표 목적 낭독 ·····················지명 받은 회원
- 인터랙트(로타랙트·리틀랙트) 노래 제창 ··························송 리더
- 내빈소개 ··································스폰서클럽 회장
- 경과보고 ······························· 스폰서클럽 위원장
- 인터랙트(로타랙트·리틀랙트) 선서 ······················· 회장
- 인터랙트(로타랙트·리틀랙트) 배지 수여 ·················· 스폰서클럽 회장·회원
- 클럽기, 종, 단복 전달·························· 스폰서클럽 회장
- 감사패 및 위촉패 전달 ···························스폰서클럽 회장
  (1) 감사패 (학교장)
  (2) 지도교사 위촉패(지도교수 위촉패)

** 사회자 교체(클럽 총무·인터랙트 총무)

- 인터랙트(로타랙트· 리틀랙트) 임원 및 회원 소개 ····························· 회장
- 인터랙트(로타랙트· 리틀랙트) 회장 인사 ································· 회장
- 환영사 ···학교장
- 격려사 ······························· 스폰서클럽 회장
- 치사 ···총재
- 공지사항 ···사회자
- 폐회인사 및 폐회타종 ······························회장·스폰서클럽 회장

로타리장 영결식

로타리장 및 추모비 제막식은 로타리클럽 주관으로 진행할 경우 회원은 가능한한 검정색, 감색 양복을 착용하고 '근조' 리본을 단다.

관 나르기의 행렬순서는 영정, 영구, 상주 및 조객순으로 한다.

- 준 비
- 개식선언
- 고인에 대한 묵념
- 고인의 약력 소개
- 종교의식
- 조사(장례위원장, 고인과의 관련기관 대표 및 우인 순)
- 헌화 및 분향(유족대표, 로타리 회원, 친지, 우인 순)
- 유족대표 인사
- 조전 낭독
- 폐식 선언
- 영구퇴장 / 장지봉송

추모비 제막식

- 개식선언
- 고인에 대한 묵념
- 종교의식
- 경과보고
- 회장인사
- 고인 약력 소개(생략할 수 있음)
- 추모비 제막의식
- 시비 낭독(생략할 수 있음)
- 헌화 및 분향
- 유족대표 인사
- 폐식선언

추모비

國際로타리 ○○○○地區 總裁

竹岩 慶州金公 吉東 追慕碑
2020年 10月 10日

社團法人 韓國로타리 總裁團 一同세우다

6. 현수막

앞면

규격 : 가로 500cm × 세로 90cm

※ 현수막에 들어가는 로타리마크는 현수막 중간이나 앞부분에 위치하도록 한다.

1) 회장 및 임원 이사 이·취임식

 Rotary 국제로타리 3721지구 ○○로타리클럽
제 ○대 ○○ ○○○(2019-20년도)
제 ○대 ○○ ○○○(2020-21년도) 회장 이·취임식
·일시 :   ·장소 :

2) 총재공식방문 정기모임(주회)

최근에는 컴퓨터의 발전으로 총재사진을 넣는 경우도 있다.

Rotary 국제로타리 3721지구 ○○○○로타리클럽
2020-21년도 ○○ ○○○총재 공식방문 정기모임
·일시 :   ·장소 :

국제로타리 3721지구 울산 ○지역
2020-21년도 ○○ ○○○총재 공식방문 클럽협의회
○지역 : ○○, ○○○, ○○, ○○○, ○○, ○○○, ○○ RC
·일시 :   ·장소 :

 국제로타리 3721지구 울산 ○지역
2020-21년도 ○○ ○○○ 총재 공식방문 합동 정기모임
○지역 : ○○, ○○○, ○○, ○○○, ○○, ○○○, ○○ RC
·일시 :   ·장소 :

 Rotary 국제로타리 3721지구 로타리, 기회의 문
2020-21년도 ○○ ○○○ 총재 공식방문 합동 정기모임
○지역 : ○○, ○○○, ○○, ○○○, ○○, ○○○, ○○ RC
·일시 :   ·장소 :

3) 직장 정기모임(주회)

 국제로타리 3721지구 ○○○○로타리클럽
○○○○ 회원 업체 ○○○○ 직장 정기모임
·일시 :   ·장소 :

Rotary 국제로타리 3721지구 2020-21년도
○○○○ 로타리클럽 직장 정기모임
·일시 :   ·장소 :

4) 클럽창립 기념 정기모임(주회)

 국제로타리 3721지구
○○○ 로타리클럽 창립 ○○ 주년기념 정기모임
·일시 :   ·장소 :

국제로타리 3721지구 로타리, 기회의 문
○○○ 로타리클럽 창립 ○○ 주년 기념 정기모임
·일시 :   ·장소 :

5) 로타리클럽 창립총회

국제로타리 3721지구
가칭 ○○○ 로타리클럽 창립 총회
·일시 :   ·장소 :   ·스폰서클럽 :

6) 로타리클럽 RI가입인증서 전수식

경
Rotary 국제로타리 3721지구 로타리, 기회의 문
○○○ 로타리클럽 RI가입 인증서 전수식
·일시 :   ·장소 :
축

7) 자매결연 조인식

국제로타리 3721지구
RI ○○○○지구 ○○ RC)
RI ○○○○지구 ○○ RC)
자매결연 조인식
·일시 :   ·장소 :

8) 업무 협약식

Rotary
국제로타리 3721지구 · 협약업체명
지역주민 ○○○○을 위한
상호 업무(협력) 협약식
·일시 :   ·장소 :
협약업체

9) 리틀랙트(인터랙트, 로타랙트) 클럽 창립총회

창립총회에는 양쪽에 로타리마크와 리틀랙트(인터랙트, 로타랙트) 마크를 넣도록
한다.

※ 로타랙트클럽은 대학교 또는 지역사회인으로 구성될 수 있으므로, 지역사회인으
로 창립될 경우에는(지역사회인)으로 표기한다.

7. 입회 선서문

선 서

본인은 _____로타리클럽에 입회함에 있어
국제로타리 정관과 클럽 세칙을 준수하며, 숭고한
로타리 봉사이념으로 지역 봉사대열에 앞장 설 것을
엄숙히 선서 합니다.

년   월   일

국제로타리 3721지구 ○○○로타리클럽

선서자 :

로타리

Chapter 4
로타리 재단

Chapter 4. 로타리 재단

1. 로타리 재단의 목적 및 운영

■ 로타리 재단의 사명

국제로타리의 로타리재단은 보건 증진, 교육 지원, 환경 개선 그리고 빈곤 퇴치를 통해 세계이해와 친선, 평화를 이룩하려는 로타리안들의 노력을 지원한다.

■ 로타리 재단의 모토

인류애의 실천

• 1917년 Arch C. Klumph 제안

• 1928년 정식 발족

• 15명의 재단이사(임기 4년)

1917년 국제대회에서 당시 임기를 마치던 아치 C. 클럼프(Arch C. Klumph) RI 6대 회장이 '세상에서 선한 일을 하기 위한'기금 설립을 제안한 것이 로타리재단의 시작이다. 1929년 국제 장애아동협회에 미화 500달러를 기증함으로써 최초로 로타리재단 공식기부가 이뤄졌다.

로타리 재단은 지역사회 봉사프로젝트에서 글로벌 주도에 이르는 로타리안들의 인도주의 활동을 재정적으로 뒷받침한다. 로타리 재단은 소아마비 퇴치와 평화증진을 비롯한 로타리의 범세계적 캠페인을 주도하고, 클럽이나 지구는 재단 보조금을 사용해 각종 프로젝트를 추진하며 장학금을 수여한다. 로타리안과 로타리 친구들의 자발적인 기부로 재단은 후원되며, 로타리재단은 철저한 재정 관리와 최고 수준의 자선 등급을 자랑한다.

Arch C. Klumph

미조리주 켄사스RC으로부터 26.50$의 첫 기부를 받았다. 1928년 RI 국제대회에서 「로타리 재단」이란 명칭을 붙였으며, 최초의 관리위원회를 구성하여 조직을 강화했고, 1931년에는 관리위원회 헌장을 채택했다. 그리고 1983년에 로타리 재단은 정식으로 법인이 되었다. 1947년 로타리 창시자 폴 해리스가 사망하자, 전 세계의 로타리안들은 그를 추모하며 재단에 기금을 기부했고, 이를 바탕으로 재단의 최초 프로그램은 7개국에서 선발된 18명의 장학생에게 해외 유학 장학금을 제공하였다. 로타리 재단에 대한 기부금은 로타리가 성장하는 것과 발맞추어 1970년대와 80년대에 현저히 증가했고, 지금도 해마다 끊임없이 늘어가고 있다.

로타리 재단은 어려운 여건에 처한 지구촌 이웃들이 안전한 식수, 의료 서비스, 문해력 등 삶의 질 향상에 필수적인 요건들을 지속적으로 충족시킬 수 있도록 수많은 프로젝트에 미화 37억 달러가 넘는 기금을 투자해 왔다.

로타리 회원과 후원자들의 기부금은 로타리 재단이 낙후된 지역사회에 지속 가능한 변화를 가져다주는데 필요한 힘의 원천이다.

1) 폴리오플러스

■ 소아마비 퇴치

폴리오플러스는 지구상의 소아마비를 완전히 박멸하려는 로타리의 대규모 활동이다. 로타리안들이 자긍심을 갖는 이유 중 하나가 로타리가 진정한 의미에서 세상을 변화시키는 단체이기 때문이다. 로타리안들은 1985년부터 이 세상에서 소아마비를 퇴치하는데 필수적인 역할을 수행해 왔다. 세계 곳곳의 지역사회에서 인식과 기부를 증진하는 것은 물론, 옹호자이자 동기 부여자로서 국제단체와 각국 정부, 민간기구 등 중요 파트너들의 지원을 이끌어 내는데 헌신해 왔다. 로타리는 이 역사적인 공중 보건 목표를 달성하기 위해 '소아마비 퇴치를 위한 글로벌 이니셔티브(GPEI)'에서 세계보건기구(WHO), 미국 질병통제예방센터(CDC), 유니세프(UNICEF), 빌&멜린다 게이츠 재단, 각국 정부 등의 파트너들과 협력하고 있다.

로타리안들은 많은 시간과 기금을 소아마비 퇴치에 기여해 모금은 물론 대정부 주창활동, 면역 캠페인에서의 자원봉사, 지역사회 인식 고양 등 다방면의 노력을 펼치고 있다. 로타리가 지금까지 소아마비 퇴치에 투자한 기금은 게이츠 재단으로부터의 상응 기부액을 포함해 미화 16억 달러를 상회한다. '전국 면역의 날(NID)'로 알려진 세계 각지의 대대적인 면역 행사에 참여한 자원봉사자의 수도 수십만 명에 이른다. 로타리가 소아마비 퇴치 활동을 본격적으로 추진하기 시작한 1988년 이래, 전 세계 20억이 넘는 아동이 경구 소아마비 백신을 투여받았으며 소아마비 발병 케이스는 99.9% 감소하였다. 이는 역사상 가장 위대한 인도주의 봉사로 꼽히기에 충분하며, 로타리안 누구나 긍지를 가져야 할 마땅한 업적이다.

2020. 9월 현재 아프리카 지역의 야생 소아마비 바이러스가 마침내 퇴치되었다. 이로써 이 지역 47개국 어린이들이 야생 소아마비 바이러스의 공포로부터 벗어나게 되었다.
이제 우리는 이 커다란 성취를 축하하는 동시에 야생 바이러스에 의한 소아마비가 여전히 발병하고 있는 **아프가니스탄과 파키스탄**의 야생 바이러스 퇴치를 위하여 노력하여야 할것이다..

로타리는 매년 소아마비 퇴치를 위해 5천만 달러 모금 목표를 세웠다. 빌&멜린다 게이츠 재단은 로타리안의 소아마비 퇴치 기금 1달러마다 2달러(년간 1억 5천만 달러 한도 내에서) 상응기부하고 있다. 이 기금은 가장 긴급한 소아마비 면역 활동을 비롯해 의료진 및 실험실 지원, 그리고 소아마비 퇴치를 위한 교육자료 제작 등에 사용된다.

■ 폴리오플러스 보조금

폴리오플러스 보조금은 소아마비 발병국가와 바이러스 재유입으로 발병 위험이 높은 국가에서의 소아마비 퇴치 활동을 지원하는데 사용된다. 각종 백신 투여 행사를 비롯해 소아마비 바이러스 감염 경로 모니터 등도 이러한 활동에 포함된다.

폴리오플러스 보조금은 로타리의 폴리오플러스 기금과 소아마비 퇴치를 위한 지구 지정기금(DDF) 기부를 통해 조성된다.

보조금 제안서는 주로 세계보건기구나 유니세프 등의 주요 파트너가 제출하며, 로타리재단 이사회 정례 회의에서 검토된다.

■ 폴리오플러스 파트너 보조금

폴리오플러스 파트너 보조금은 소아마비 퇴치 우선 국가의 전국 폴리오플러스 위원장이 신청하는 긴급한 바이러스 감시 활동이나 사회 동원 프로젝트를 지원하는데 사용된다. 연중 내내 보조금 신청서를 접수/심사하며, 폴리오플러스 기금에서 재원이 충당된다.

2) 로타리 평화 펠로우십

로타리 평화 펠로우십은 평화와 개발 분야의 활동 경험이 있는 리더들을 위해 기획되었다. 로타리 세계평화 펠로우들은 지역사회 및 국제봉사에 헌신하며 평화를 추구한다. 로타리재단은 매년 세계 유수 대학에 소재한 로타리 평화 센터에서 수학할 인재 50명에게 석사학위 펠로우십을, 80명에게 전문인 연수 펠로우십을 수여한다.
※로타리 프로그램 평화센터 후원에서 다시 언급

■ 석사 학위 프로그램

선정된 펠로우들은 세계 각지에서 모인 펠로우들과 함께 리서치를 기반으로한 평화 및 개발 분야의 학업과정을 이수한다. 15~24개월 프로그램으로, 자신이 직접 설계한 2~3개월의 현장 실습이 포함된다.

■ 전문인 연수 프로그램

1년 연수 프로그램으로 평화와 개발 분야의 활동 경력을 가진 다양한 배경의 전문인들이 지역사회와 국제사회에서 평화를 증진할 실제적인 기술을 습득한다. 펠로우들은 현장 학습 외에도 자신이 디자인한 독립적인 프로젝트로 사회 변화를 위한 이니셔티브를 진행하게 된다.

3) 로타리 재단 기금

로타리 재단의 기금은 전세계 로타리안들과 로타리 친구로부터 기부 받은 것으로서, 쉐어는 이러한 기부금을 보조금과 다른 활동으로 전환시키는 시스템이다.

■ 3년 주기

로다리재단은 기부금이 접수된 후 3년 후에 프로그램에 투입하는 독특한 자금 주기에 따라 기부금을 관리 한다. 각 지구에게 3년 주기는 프로그램을 계획하고 참가자를 선발할 수 있는 시간을 주며, 재단에게는 기부금을 투자하여 관리비와 기금개발비를 마련할 수 있게 한다.

예를 들면, 각 지구는 2017-18년도에 연차기금에 대한 기부금의 50퍼센트를 2020-21년도에 DDF로 사용할 수가 있다.

2017-18	2018-19	2019-20	2020-21
기금 모금 및 투자	기금 투자	기금 투자	기금 사용

■ 쉐어 제도 (The Share System)

쉐어 제도는 로타리 재단의 연차기금의 독특한 기부 배당제도로, 각 지구가 기부금의 사용 용도를 결정하여, 지구가 원하는 재단 프로그램에 참여할 수 있게 한다. 쉐어 제도에서, 모든 지구 연차 기부금은 각 기부 연도 말에 합산되어 두 가지 기금으로 나누어진다.

즉, 기부금의 50%는 지구 지정기금(DDF), 나머지 50%는 세계 기금(WF)이 된다.

세계기금(WF)은 글로벌 보조금을 위한 상응기금을 비롯해 모든 지구들이 참여하는 프로그램을 위해 사용하며 지구 지정기금(DDF)은 지구 보조금 프로그램에 사용할 수 있을 뿐만 아니라 폴리오플러스 혹은 로타리 평화 센터 등과 같은 프로그램에 기부할 수도 있다.

– 연차기금

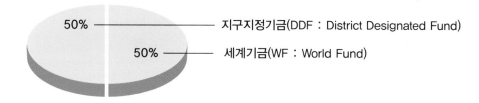

50% ────── 지구지정기금(DDF : District Designated Fund)

50% ────── 세계기금(WF : World Fund)

□ 쉐어제도 명명 이유

1) 전 세계 동료 로타리안과 그들의 자원을 함께 나눈다.

   - 세계 기금, 단결 정신

2) 지구들과 의사 결정권의 일부를 함께 나눈다.

   - 지구 지정기금, 원하는 프로그램 반영

3) 재단을 통해 세계와 로타리를 함께 나눈다.

   - 세계 기금, 지구 지정기금을 통해 재단 프로그램 수행

   - RI 목적 성취 수단

Annie Shin (애니 신) annie.shin@rotary.org 847-866-3281	3590, 3600, 3610, 3620, 3630 3640, 3650, 3661, 3662, 3670
Mary Han (매리 한) mary.han@rotary.org 847-866-4496	3680, 3690, 3700, 3710, 3721 3722, 3730, 3740, 3750

기금의 분배 (쉐어제도)

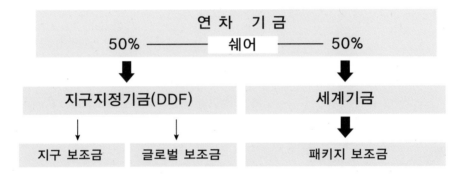

로타리 보조금의 각 단계

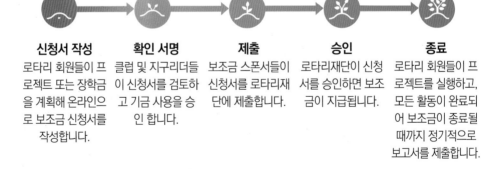

신청서 작성
로타리 회원들이 프로젝트 또는 장학금을 계획해 온라인으로 보조금 신청서를 작성합니다.

확인 서명
클럽 및 지구리더들이 신청서를 검토하고 기금 사용을 승인 합니다.

제출
보조금 스폰서들이 신청서를 로타리재단에 제출합니다.

승인
로타리재단이 신청서를 승인하면 보조금이 지급됩니다.

종료
로타리 회원들이 프로젝트를 실행하고, 모든 활동이 완료되어 보조금이 종료될 때까지 정기적으로 보고서를 제출합니다.

4) 보조금

로타리재단은 보조금을 통해 전 세계 로타리안들이 실시하는 다양한 프로젝트와 장학프로그램 및 연수활동을 후원한다.

(1) 지구보조금

로타리재단 사명에 부합되는 국내·외 지역사회의 필요에 부응하는 소규모 단기 프로젝트를 지원한다. 지구보조금은 지구가 관리하고 분배하며, 클럽은 지구에 보조금을 요청한다. 각 지구는 소속 클럽들을 대상으로 지구보조금의 신청 시기와 방법, 신청 요건 등을 포함한 자체적인 규정과 절차를 확립하여야 한다.

지구는 매년 지구지정기금(DDF)의 50%까지를 지구보조금으로 신청할 수 있다.

■ 무엇을 지원하나?

지구보조금은 지구나 클럽의 다양한 프로젝트와 활동에 쓰일 수 있다.

• 인도주의 프로젝트- 봉사 활동을 위한 출장과 재해 복구 활동도 해당된다.

• 장학금 -학교 소재지나 학업 기간, 전공이나 모든 교육 과정에 구애받지 않는다.

• 직업 연수팀- 해외로 나가 자신의 직업 분야에서 지식을 쌓거나 현지 직업인들에게 특정 분야의 연수를 실시하는 전문인 그룹이다.

■ 어떻게 쓰이나?

로타리재단의 사명을 증진하는 활동이라면 별다른 제약 없이 지원이 가능하다.

■ 기금은 어떻게 조성되나?

지구가 신청 가능한 금액은 지구지정기금(DDF)의 최대 50%까지이다. 연도별 DDF의 규모는 3년 전 지구가 인다우먼트 투자 수익을 포함해 연차기금에 기부한 총 액수에 의해 결정된다.

■ 클럽이 지구보조금을 지원받으려면?

지구보조금을 지원받고자 하는 클럽은 지구와 직접 협력해야 한다. 지구 총재나 지구 로타리재단 위원장에게 연락하여 신청 마감일과 보고, 연수 등 지구가 부과하는 추가 요건에 대해 알아볼 수 있다.

(2) 글로벌보조금

인도주의 프로젝트, 장학금, 직업연수 등 로타리 7대 초점 분야 중 1개 이상의 분야에서 지속 가능하고 측정할 수 있는 효과를 창출하는 국내·외 지역사회의 필요에 부응하는 대규모 장기 프로젝트를 지원한다.

■ 무엇을 지원하나?

• 인도주의 프로젝트
• 대학원 과정을 위한 장학금
• 직업 연수 팀

■ 어떻게 쓰이나?

글로벌 보조금의 핵심 요소는 파트너십이다. 보조금 활동이 실시되는 지역의 지구나 클럽과 다른 국가의 지구나 클럽이 서로 협력해 활동을 추진해 나간다.

□ 글로벌 보조금은 다음 조건을 충족해야 한다.

- 보조금 활동이 이루어지는 국가의 클럽/지구와 그 외 국가의 클럽/지구간의 국제 파트너십으로 구성
- 로타리 7대 초점분야 중 1개 이상 분야
- 최소 예산 미화 3만불 이상
- 지속 가능성을 갖추고, 보조금이 모두 지출된 후에는 프로젝트의 효과를 장기적으로 유지하기 위한 계획을 포함
- 진행 보고서를 통해 증명될 수 있는 측정 가능한 목표를 설정

- 지역사회의 실제적인 필요에 부응
- 로타리안과 지역사회 주민 양측의 활발한 참여
- 보조금 규약 및 조건에 명시된 자격요건 충족

□ **글로벌 보조금 신청 방법**

글로벌 보조금은 연중 내내 신청이 가능하다. 보조금을 신청하고자 하는 지구 또는 클럽은 먼저 인증 절차를 거쳐야 한다. 인증을 마친 후에는 온라인 도구를 이용해 글로벌 보조금을 신청하면 된다.

글로벌 보조금으로 지원되는 프로젝트는 규모가 크며, 보조금 관리와 보고, 보조금 결과에 대한 모니터링 및 평가의 책임이 더 무겁다.

■ **지구보조금과 글로벌보조금**

구 분	지구보조금	글로벌보조금
프로젝트 분야	무제한 (7대 초점분야 관계없음)	7대 초점야만 가능
보조금 활용	– 인도주의 프로젝트 – 장학금 – 직업연수팀	– 지속가능하고 측정 가능한 결과를 창출하는 인도주의 프로젝트 – 장학금 – 1개 초점분야 해외유학 대학원생 – 직업연수팀
국제파트너	관계없음	반드시 필요, 국제파트너 30%
프로젝트 규모	제한없음	최소 3만 달러 이상
DDF	DDF의 최대 50%까지 사용 가능	DDF 기부에 대해 세계기금에서 100% 상응 지원 (현금 기부는 지원 없음)
특 징	다양한 형태의 단기 봉사 활동 (지역사회 개선)	지속가능한 장기 프로젝트와 장학금 (변화 창출)

(3) 재해 대응 보조금

재해대응 보조금은 지난 6개월 동안 발생한 자연재해 피해 지역의 구호 및 복구 노력을 지원하기 위한 보조금이다. 재해 지역의 지구는 재해기금의 가용성에 따라 최대 25,000달러까지 보조금을 신청할 수 있다. 지구는 지급받은 재해 대응 보조금에 대한 보고서를 제출하고 난 후 추가로 다시 보조금을 신청할 수 있다. 보조금은 물, 식품, 의약품 및 의류와 같은 생필품을 제공하는데 사용될 수 있으며, 보조금을 신청하는 지구가 재해 피해 지역의 필요를 결정해야 한다. 지구는 보조금이 피해 지역의 필요를 충족시킬 수 있도록 지역 공무원 및 지역사회 단체와 긴밀히 협력해야 한다.

(4) 스케일 프로그램 보조금

스케일 프로그램 보조금은 지역사회가 확인한 요구에 부응하기 위해 경쟁 심사를 통해 지급되는 재단 보조금이다. 이 보조금은 측정가능한 결과와 임팩트에 대한 증거를 제시할 수 있는 지속가능한 활동으로, 지리적으로 중요한 지역의 많은 주민들에게 혜택을 주려는 것이다. 각 보조금은 초점분야에 부합되어야 하며 3~5년에 이르는 장기적 활동을 지원한다.

■ 제안

- 지역사회의 우선순위가 명확히 반영된 해당 지역의 필요에 대처하고 지역사회 지도자를 참여시켜야 한다.
- 로타리클럽 또는 지구는 프로그램 설계, 실시 및 모니터링 및 평가 활동을 지원할 비정부기구(NGO), 민간단체 또는 정부기관과 같은 파트너와 함께 보조금을 실시해야 한다.
- 단순히 자원을 파트너 단체에 이전하기 위한 것이 아니므로 프로젝트 성공을 위한 로타리안의 역할과 참여가 제안서에 분명히 기술되어야 한다.
- 비슷한 필요를 가진 지역사회들이 채택, 실시할 수 있는 활동을 포함해야 한다.

■ 펀딩

로타리재단은 매년 승인된 1개의 프로젝트에 세계기금에서 200만 달러의 보조금을 지급한다. 프로그램 스폰서는 재단 보조금 이외에 추가 자원을 확보할 것이 강력히 권장된다.

■ 보조금 신청 자격

로타리재단 보조금을 신청할 자격이 있는 재단 인증 클럽과 지구만이 스케일 프로그램 보조금을 신청할 수 있다.

■ 신청 절차

로타리재단은 제안에서 신청에 이르는 2단계 절차를 거쳐 매년 1건의 보조금을 승인하게 된다. 제안서를 제출하길 원하는 클럽 또는 지구는 프로젝트에 대한 기본적인 데이터와 모니터링 및 평가 계획이 포함된 완전히 개발되고 보다 정교하게 설계된 프로젝트를 제안해야 한다. 또한 다른 곳에서 실시해 성공을 거두었음을 입증할 수 있는 활동을 포함해야 한다.

가장 어필하는 제안서를 제출한 클럽과 지구에게 프로젝트에 대한 보다 세부적인 사항을 포함하는 신청서를 제출하도록 통보된다. 함께 참여하는 파트너들은 로타리클럽 또는 지구와 공조하여 제안서 및 신청서를 작성할 수 있다. 완전히 작성되지 않은 제안서나 신청서는 고려되지 않는다.

제안서 제출은 '내 로타리' 외부의 신청도구인 Embark를 통해 이루어진다.

■ 초점분야

로타리재단 글로벌 보조금으로 수행되는 모든 인도주의 프로젝트나 활동, 직업연수팀, 장학금 등은 아래 나열된 재단의 7대 초점 분야 중 하나 이상의 분야에서 구체적인 목표를 달성하는 것이어야 한다.

• 평화 구축 및 분쟁 예방
• 질병 예방 및 치료

- 수자원, 위생 및 청결
- 모자 보건
- 기본 교육과 문해력
- 지역사회 경제 개발
- 환경보존(2021년 7월 1일부터 시행)

■ 자격인증 및 스튜어드십

1. 자격인증은 지구인증과 클럽인증 두 가지이며 1년 간 유효하다.
2. 자격인증은 총재, 차기총재, 지구재단위원장 3인에 의해 실행한다. 이상 3인은 모두 다른 로타리안이어야 하며 각각 온라인 업무에서 신청한다.
3. 지구 인증은 국제로타리 홈페이지 온라인업무(MAP)에서 시작한다.
4. 클럽인증은 지구인증을 받은 지구가 클럽인증을 실시한다.
   클럽인증을 위해 보조금 관리 세미나를 개최한다.
5. 스튜어드십(보조금 관리)는 로타리 재단 기금이 기부자의 의도대로 그리고 효율적으로 사용될 수 있도록 투명한 방법으로 관리하는 것을 말한다.

■ 보고 의무 및 기록관리

1. 보조금 수령자는 로타리 재단에 보고할 책임이 있다.
2. 보고서는 온라인으로 제출되어야 한다.
3. 미제출 보고서가 있는 경우 새로운 보조금은 신청 불가하다.
4. 지구 보조금 보고 기준
   1) 최종 보고서는 보조금 수령일로부터 12개월 혹은 최종 분배일로부터 2개월 이내에 재단에 제출하여야 한다.
   2) 프로젝트는 보조금 지급 후 24개월 이내 완료되어야 한다.
   3) 5백 달러 이상 미사용 보조금은 반환되어야 한다.
5. 글로벌 보조금 보고 기준

1) 진행 보고서는 1차분 수령 후 12개월 이내, 그 후 매 12개월마다 제출하여야 한다.

2) 최종보고서는 프로젝트 완료 후 2개월 이내 제출하여야 한다.

3) 5백달러 이상 미사용 보조금은 반환되어야 한다.

6. 지구의 보조금 기록 유지

1) 계좌 정보, 월별 명세서 (수입, 지출) 등 보관대상 기록을 유지하여야 한다.

2) 로타리안들의 접근 및 열람을 허용한다.

3) 최소한 5년 이상 보관하여야 한다.

5) 로타리 재단 동창

모든 로타리재단 동창이란 1947년 이래 재단으로부터 장학금이나 보조금을 받은 사람들로서 현재 전세계에 12만 3천 명이나 된다. 역대 친선사절 장학생, 로타리 세계 평화 휄로우, 연구단 교환 팀 단장 및 단원, 로타리 자원봉사자, 칼 P. 밀러 개발 보조금 수혜자 그리고 로타리 대학 교수 보조금 수혜자들이다. 이들은 재능면에서나 능력면에서 뛰어난 사람들로서, 세계 평화와 이해 증진이라는 로타리의 이상에 대해 잘 알고 있다. 재단 동창들은 클럽 주회에서 또는 재단 활동과 행사에서 강연할 수 있는 열성적인 재단 프로그램 후원자들이다.

왜냐하면 이들은 로타리 프로그램에 직접 참여하여 '세계 지역 사회'란 개념을 행동으로 옮긴 사람들이기 때문이다. 또한 로타리재단 동창들은 지구/클럽 봉사 프로젝트나 활동에 자원봉사로서 참여하기도 한다. 로타리클럽의 예상 회원이기도 한 이들은, 지구 및 클럽 회원들에게 재단 프로그램을 이해시키는 일은 물론 로타리재단의 재정적인 후원자이기도 하다.

2. 로타리 기금의 종류

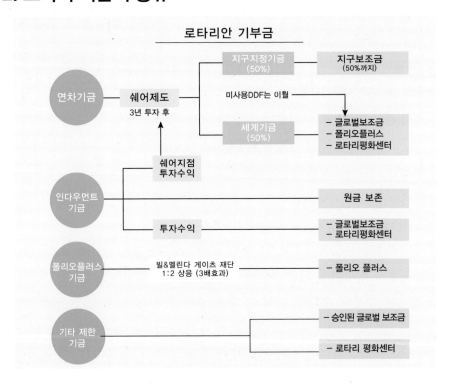

(1) 연차기금 (AF, Annual Fund) - 로타리 현재 활동을 지원하고자 할 때

개인, 클럽, 지구연차기부금은 3년간 투자된 후, 로타리 연도 말에 세계기금(WF)과 지구지정기금(DDF)으로 배분된다. 3년 후 50%를 지구지정기금(DDF/District Designated Fund)으로 환원, 모든 로타리재단 보조금 및 프로그램을 위한 일차적인 재원으로서 매년 투입되는 기금이다. 세계기금은 로타리의 최우선 순위 활동들과 지구가 참여하는 프로젝트에 사용되며, 지구지정기금은 지구로 환원돼 소속 클럽과 지구가 선택한 프로젝트들을 시행하는데 사용된다. 3년 기간 동안의 이자 수입으로 프로그램 운영, 기금계발, 일반적인 행정과 관련한 경비로 지출한다.

■ 로타리안 누구나, 매년 빠짐없이 (EREY, Every Rotarian Every Year)

'로타리안 누구나 매년 빠짐없이(EREY)'는 이처럼 중요한 연차기금에 로타리안 모두가 해마다 기부할 것을 장려하는 이니셔티브이다.

로타리 재단에 대한 연차기부를 증가하도록 디자인된 마케팅 플랜으로 모든 로타리안들에게 연차기부에 회원 1인당 100달러의 기부목표를 정하고 매년 그 이상의 기금기부를 유지하도록 하는것이다.

'로타리안 누구나 매년 빠짐없이(EREY)' 캠페인은 전세계 로타리안들로 하여금 로타리 재단에 참여할 수 있도록 하기 위하여 7대 마케팅 목표를 구현하고 있다. 재단 관리위원회와 RI 이사회의 승인을 얻어 실시되는 이 캠페인은 다음 2가지의 취지를 가지고 있다.

• 전세계에 진정한 변화를 가져오는 인도주의 및 교육 프로그램에 매년 모든 로타리 안들이 참여하도록 권장한다.

• 모든 로타리안들이 연차기금에 기부한다.

(2) 인다우먼트 기금(Endowment Fund) - 로타리의 미래를 지원하고자 할 때

기부금액 원금은 영구보존하고 수익금으로 재단의 장기적인 재단 프로그램에 사용한다. 그리고 그 투자 수익의 일부는 글로벌 보조금, 패키지 보조금 그리고 로타리 평화센터 등과 같이 재단의 우선순위 활동을 지원하기 위해 사용된다. 로타리재단은 재단 활동의 미래를 보장하기 위해 2025년까지 인다우먼트 기금의 목표액을 미화 20억 2,500만 달러로 설정하고 실시하는 2017-18년도가 첫 회기이다.

이 기금의 투자 수익은 연차기금을 보충하고 로타리의 최우선 과제들을 영구적으로 지원하는데 사용된다. 기부금은 영구적으로 투자되며, 기금의 일정액이 매년 로타리 재단 보조금과 프로그램을 위해 지출된다. 기부는 대개 현금이나 유가 증권 등과 같은 고액기부를 비롯해 유증 또는 종신 수익 약정과 같은 기증 기부 형식으로 이뤄진다.

■ 로타리 프로그램 지정 가능

인다우먼트 기부자는 기부금으로 얻어진 수익금을 사용하는 방법도 지정할 수 있다. '인다우먼트-세계기금'에 기부하면 재단 이사들이 세계 전역에서 재원이 가장 절실히 필요한 분야에 기부금을 배정한다. '인다우먼트-쉐어'를 선택하면 로타리 지구에서 기부금을 세계기금과 지구지정기금으로 적절히 배분하여 사용한다. 즉 연차기금에 영구적으로 기부하는 효과를 갖게 되는 것이다. 또한 로타리의 7대 초점 분야와 로타리 평화센터에 기부할 수도 있다.

■ 기금 지명 기회

인다우먼트 기금에 2만 5천 달러 이상을 기부하는 기부자들은 기부자 본인이나 배우자의 명의로 기금을 설립할 수 있다. 일반적으로 세계기금이나 쉐어를 통해 로타리 평화센터 혹은 초점 분야에서의 글로벌 보조금을 지원한다. 금액에 따라 기부금을 특정 프로그램이나 지역에만 사용하도록 보다 세밀하게 지정하는 것도 가능하다. 이 기금은 투자를 위해 인다우먼트 기금 내의 다른 기금들과 합쳐 운용되나, 각 기금별로 독자적인 회계 기록이 유지된다. 기부자에게 매년 해당 기금에 대한 지정 보고서가 우송되며 기증기금이 설립되면 기증기금 증서를 수여한다.

□ 글로벌보조금 기증기금
· 15만달러 이상 : 기부자는 특정 프로젝트 혹은 활동

(인도주의 프로젝트, 장학금, 직업연수팀)을 선정할 수 있다.
· 25만달러 이상 : 기부자는 ▲활동(인도주의 프로젝트, 장학금, 직업연수팀) ▲초점분야

▲지구 ▲보조금 시행 지역 중에서 2가지를 선택할 수 있다.
· 50만달러 이상 : 기부자는 ▲활동(인도주의 프로젝트, 장학금, 직업연수팀) ▲초점분야

▲지구 ▲보조금 시행 지역 중에서 3가지를 선택할 수 있다.

□ 로타리 평화센터 기증기금
· 10만달러 : 로타리 평화센터에서의 연례 세미나를 매년 후원
· 25만달러 : 전문인 연수 과정 펠로우 1명을 매년 후원
· 50만달러 : 석사과정 펠로우 1명을 매 4년마다 후원
· 75만달러 : 석사과정 펠로우 1명을 매 3년마다 후원
· 100만달러 : 평화센터에 1명의 교환교수를 매년 초빙
· 105만달러 : 석사과정 펠로우 1명을 매년 후원

(3) 폴리오플러스기금 (Polioplus Fund) - 소아마비 박멸을 위해

1979년 필리핀 아동들에게 최초로 소아마비 예방접종을 실시한 이래, 로타리는 여러 파트너들과 함께 전 세계 소아마비 발병 건수를 99.9% 감소시키는데 성공했다. 이제까지 122개국에서 20억이 넘는 아동들이 소아마비 예방접종을 받았다. 로타리재단에서는 2013년부터 2018년까지 클럽마다 매년 1,500달러 지구지정기금의 20%씩을 기부하기로 하고 빌&멜린다 게이츠 재단은 2018년까지 로타리안이 기부한 소아마비 기금의 2배를, 최고 3,500만 달러까지 상응 지원하였다.

■ 빌&멜린다 게이츠 재단 상응기부

빌&멜린다 게이츠 재단은 2020년까지 로타리안의 폴리오플러스 기부금 1달러마다 2달러(연간 최고 5천만 달러)를 상응 기부한다. 이에 따라 매년 로타리의 소아마비 퇴치 기부액 게이츠 재단 상응액을 포함해 1억 5천만 달러가 되며, 향후 3년 동안 총 4억 5천만 달러에 이르게 된다.

(4) 제한기금(RF, Restricted Fund) - 특정 분야를 지원하고자 할 때

기부금 가운데 기부자에 의해 그 용도가 지정되는 기금이다. 기부금은 로타리 초점 분야 중 1가지 이상에 지정할 수 있다.

로타리재단이 승인한 특정 보조금 사업이나 로타리 평화센터 지원금에 사용되도록 기부할 수 있다.

기부금 신청서 작성 시 지원하고자 하는 프로젝트의 승인 번호가 필요하며, 기부금은 해당 프로젝트에 직접 사용된다. 또한 특정 지역이나 국가 등 지역별로 프로젝트를 검색해 기부할 수도 있다. 이 기부는 로타리 7대 초점분야에 한해 지정할 수 있다.

3. 로타리재단 표창

인도주의 및 교육 프로그램을 재정적으로 지원해 준 개인이나 클럽들에 대해 감사의 뜻을 전하기 위해 로타리재단은 아래와 같은 표창 프로그램을 운용하고 있다.

로타리재단 기금과 표창

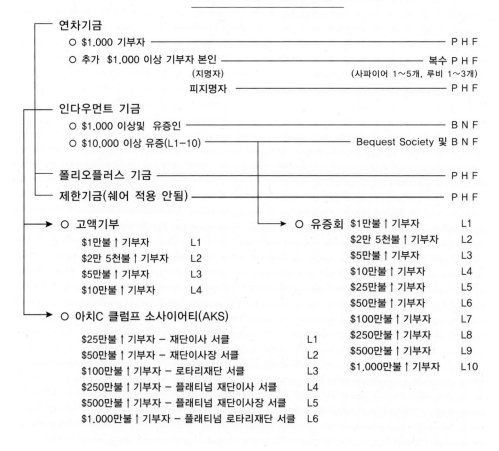

연차기금
- ○ $1,000 기부자 ——————————————— P H F
- ○ 추가 $1,000 이상 기부자 본인 ——————— 복수 P H F
  (지명자) (사파이어 1~5개, 루비 1~3개)
  피지명자 ——————————————— P H F

인다우먼트 기금
- ○ $1,000 이상및 유증인 ——————————— B N F
- ○ $10,000 이상 유증(L1-10) —————— Bequest Society 및 B N F

폴리오플러스 기금 ——————————————— P H F

제한기금(쉐어 적용 안됨) ——————————— P H F

○ **고액기부**

$1만불↑ 기부자	L1
$2만 5천불↑ 기부자	L2
$5만불↑ 기부자	L3
$10만불↑ 기부자	L4

○ **아치C 클럼프 소사이어티(AKS)**

$25만불↑ 기부자 – 재단이사 서클	L1
$50만불↑ 기부자 – 재단이사장 서클	L2
$100만불↑ 기부자 – 로타리재단 서클	L3
$250만불↑ 기부자 – 플래티넘 재단이사 서클	L4
$500만불↑ 기부자 – 플래티넘 재단이사장 서클	L5
$1,000만불↑ 기부자 – 플래티넘 로타리재단 서클	L6

○ **유증회**

$1만불↑ 기부자	L1
$2만 5천불↑ 기부자	L2
$5만불↑ 기부자	L3
$10만불↑ 기부자	L4
$25만불↑ 기부자	L5
$50만불↑ 기부자	L6
$100만불↑ 기부자	L7
$250만불↑ 기부자	L8
$500만불↑ 기부자	L9
$1,000만불↑ 기부자	L10

(1) 기부자 개인 표창

로타리재단 후원회 회원 (RFSM, Rotary Foundation Sustaining Member)	매년 최소한 미화 100달러 이상을 연차 기금에 기부하는 회원을 가리킨다. 후원회 회원의 기부금 누적액은 폴 해리스 휄로우, 복수 폴 해리스 휄로우, 폴 해리스 소사이어티, 고액기부, 클럽 표창 등에도 계상된다.	
폴 해리스 펠로우 (PHF, Paul Harris Fellow)	연차기금, 폴리오플러스 또는 승인된 재단 보조금에 1,000달러 이상을 기부한 이를 지칭한다. 기부자에게 증서와 핀이 수여되고, 기부자가 원할 경우, 폴 해리스 펠로우 메달을 15달러에 구입할 수 있다. 또한 추가로 1,000달러를 기부할 때마다 복수 폴 해리스 펠로우 표창이 주어진다.	
복수 폴 해리스 휄로우 (Multiple PHF)	폴 해리스 휄로우인 기부자가 미화 1,000달러씩 추가 기부 할 때마다 사파이어 또는 루비가 박힌 복수 폴 해리스 휄로우 핀을 받는다.	
감사장 (CERTIFICATE OF APPRECIATION)	기부자가 미화 1,000달러를 기부하면서 각종 사업체나 다른 단체에 대한 표창을 원하는 경우가 있다. 폴 해리스 휄로우 표창은 개인에게만 수여되기 때문에 이 경우 해당 사업체나 단체에게는 감사장이 수여된다.	
폴 해리스 소사이어티 회원 (PHS : Paul Harris Society Member)	폴 해리스 소사이어티 회원 자격은 연차기금, 폴리오플러스, 폴리오플러스 파트너, 혹은 승인된 재단 보조금에 매년 1,000달러 이상을 기부하기로 약정한 회원들을 표창하는 지구 차원의 표창 프로그램이다. PHS 핀을 수여한다. 폴 해리스소사이어티 기부금은 로타리재단 후원회 회원, 폴 해리스 휄로우, 복수 폴 해리스 휄로우, 고액기부 등에 계상된다.	

고액기부자 **(Major Donor)**	고액기부자가 되기 위해서는 누적 기부액이 1만 달러 이상이어야 한다. 선택에 따라 크리스탈 기념패와 고액기부자 라펠 다이아몬드 서클 핀 또는 펜던트를 받을 수 있다.	
아치 클럼프 소사이어티 **(AKS)**	누적 기부액이 25만 달러(배우자 기부금 포함)에 도달한 기부자에게 주어지는 특별한 자격이다. 대상자는 미국 에반스톤 세계본부에서 개최되는 입회식에 초청되며, 사진과 약력이 명예의 전당 인터랙티브 갤러리에 추가된다. 아치 C. 클럼프 소사이어티 회원들은 특별 행사에 초대됨은 물론, 기부 레벨에 따른 멤버십 핀과 크리스탈 기념패를 받게 된다. 아치 C. 클럼프 소사이어티는 로타리 재단 창시자인 아치 C. 클럼프를 기리기 위해 제정되었다. / 3년 분할 납부 가능	
베네팩터 **(BNF, Benefactor)**	세계이해와 평화를 위해 쓰여지는 인다우먼트 기금에 대한 기부를 유증 계획에 포함시키거나 유언, 보험, 부동산 등 서면으로 밝히거나 동 기금에 1,000달러를 바로 기부할 경우 수여된다. 베네팩터에게는 표창 증서와 함께, 로타리 핀이나 폴 해리스 펠로우 핀 옆에 착용할 수 있는 배지가 주어진다. 이 기부금은 영구기금으로 보존되며, 연간 수익만을 재단 프로그램에 쓰도록 되어 있어 PHF와는 다르다. 1982년에 제정되었다.	
유증회 회원 표창 **(Bequest Society)**	유산상속 계획을 통해 1만 달러 이상을 기부할 경우 수여된다. 모든 유증회 회원은 로타리 재단 이사회의 표창을 받게 되며, 선택에 따라 크리스탈 기념패와 유증회 핀이 제공된다.	

(2) 클럽표창

100% 재단 기부클럽	1인당 평균 기부액이 100달러 이상이고, 회비를 납부하는 클럽 전회원 (7월 1일 기준)이 기부금 종류에 관계없이 최소한 25달러 이상을 기부한 클럽에 수여된다.	
100% EREY 클럽	회비를 납부하는 클럽 전회원 전원 (7월 1일 기준)이 연차기금에 최소 25달러를 기부하고, 연차기금 1인당 기부금액(Per Capita)이 100달러 이상인 클럽에 수여된다.	
1인당 연차기금 기부 상위 3대 클럽	연차기금 1인당 기부금액 (Per Capita)이 각 지구 내에서 가장 높은 3개 클럽에게 수여된다. 1인당 연차기금 기부액(Per Capila)이 최소 50달러 이상인 클럽에게 수상자격이 있다. (회원수 7월 1일 기준)	
100% PHF (폴 해리스 펠로우) 클럽	지구총재가 배너를 요청할 시점에 회비를 납부하는 클럽 정회원 전원(지명포함)이 폴 해리스 펠로우가 되어야 표창을 받을 수 있다. 1회에 한해서 수여하지만 클럽 회원 100%가 폴 해리스 펠로우 레벨을 유지하도록 독려하고자 한 표창 프로그램이다.	
100% PHF (폴 해리스 소사이어티) 클럽	로타리 연도 한 해 동안 회비를 납부하는 클럽 정회원 전원(7월 1일 기준)이 PHF(폴 해리스 소사이어티 멤버) 약정을 하고, 연차기금, 폴리오플러스 기금, 재단이 승인한 보조금 등에 최소한 1,000달러 이상 기부한 클럽에게 수여된다.(인다우먼트 기금 제외).	

4. 로타리 재단의 역사

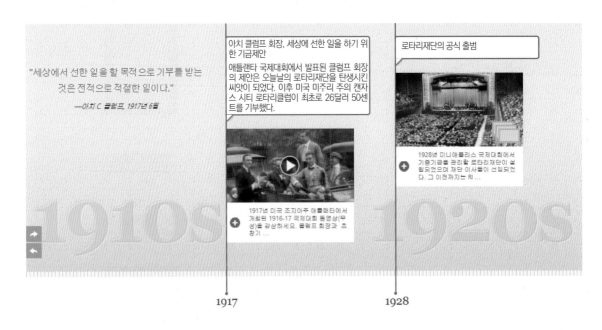

"세상에서 선한 일을 할 목적으로 기부를 받는 것은 전적으로 적절한 일이다."

—아치 C. 클럼프, 1917년 6월

아치 클럼프 회장, 세상에 선한 일을 하기 위한 기금제안

애틀랜타 국제대회에서 발표된 클럼프 회장의 제안은 오늘날의 로타리재단을 탄생시킨 씨앗이 되었다. 이후 미국 미주리 주의 캔자스 시티 로타리클럽이 최초로 26달러 50센트를 기부했다.

1917년 미국 조지아주 애틀랜타에서 개최된 1916-17 국제대회 동영상(무성)을 감상하세요. 클럼프 회장과 초창기 …

로타리재단의 공식 출범

1928년 미니애폴리스 국제대회에서 기증기금을 관리할 로타리재단이 설립되었으며 재단 이사들이 선임되었다. 그 이전까지는 회 …

1917　　　　　1928

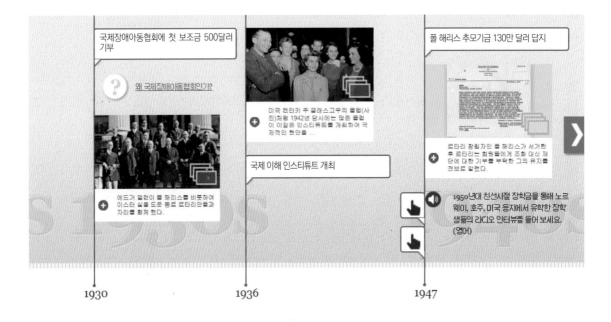

국제장애아동협회에 첫 보조금 500달러 기부

왜 국제장애아동협회인가?

에드거 알런이 폴 해리스를 비롯하여 이스터 실을 도운 동료 로타리안들과 자리를 함께 했다.

미국 켄터키 주 글래스고우의 클럽(사진)처럼 1942년 당시에는 많은 클럽이 이같은 인스티튜트를 개최하여 국제적인 현안을 …

국제 이해 인스티튜트 개최

폴 해리스 추모기금 130만 달러 답지

로타리 창립자인 폴 해리스가 서거한 후 로타리는 회원들에게 조화 대신 재단에 대한 기부를 부탁한 그의 유지를 전보로 알렸다.

1950년대 친선사절 장학금을 통해 노르웨이, 호주, 미국 등지에서 유학한 장학생들의 라디오 인터뷰를 들어 보세요. (영어)

1930　　　　　1936　　　　　1947

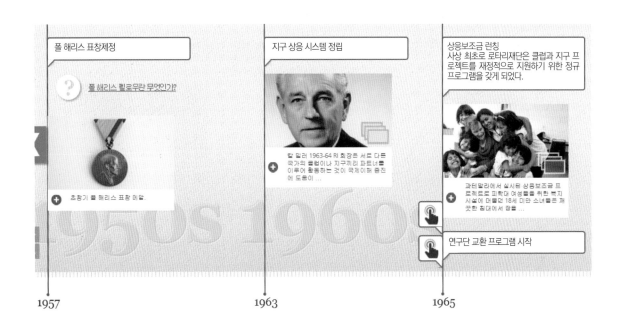

폴 해리스 표창제정

폴 해리스 펠로우란 무엇인가?

초창기 폴 해리스 표창 메달.

1957

지구 상응 시스템 정립

칼 밀러 1963-64 RI 회장은 서로 다른 국가의 클럽이나 지구끼리 파트너를 이루어 활동하는 것이 국제이해 증진에 도움이 …

1963

상응보조금 런칭
사상 최초로 로타리재단은 클럽과 지구 프로젝트를 재정적으로 지원하기 위한 정규 프로그램을 갖게 되었다.

과테말라에서 실시된 상응보조금 프로젝트로 피해당한 여성들을 위한 복지시설에 머물던 18세 미만 소녀들은 깨끗한 침대에서 잠을 …

연구단 교환 프로그램 시작

1965

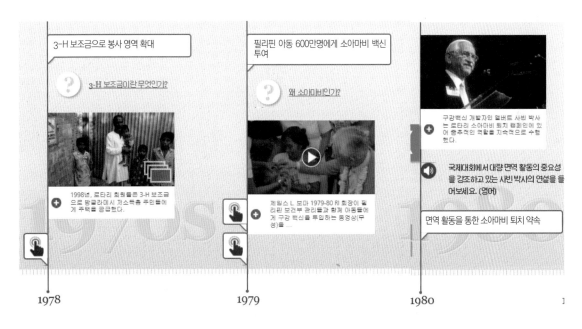

3-H 보조금으로 봉사 영역 확대

3-H 보조금이란 무엇인가?

1998년, 로타리 회원들은 3-H 보조금으로 방글라데시 저소득층 주민들에게 주택을 공급했다.

1978

필리핀 아동 600만명에게 소아마비 백신 투여

왜 소아마비인가?

제임스 L. 보마 1979-80 RI 회장이 필리핀 보건부 관리들과 함께 아동들에게 구강 백신을 투입하는 동영상(무성)을 …

1979

구강백신 개발자인 알버트 사빈 박사는 로타리 소아마비 퇴치 캠페인에 있어 종추적인 역할을 지속적으로 수행했다.

국제대회에서 대량 면역 활동의 중요성을 강조하고 있는 사빈 박사의 연설을 들어보세요. (영어)

면역 활동을 통한 소아마비 퇴치 약속

1980

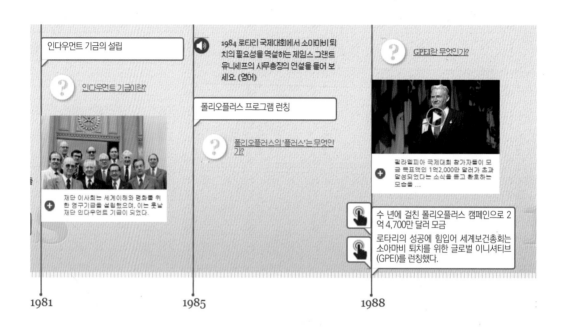

인다우먼트 기금의 설립

? 인다우먼트 기금이란?

재단 이사회는 세계이해와 평화를 위한 영구기금을 설립했으며, 이는 훗날 재단 인다우먼트 기금이 되었다.

1984 로타리 국제대회에서 소아마비 퇴치의 필요성을 역설하는 제임스 그랜트 유니세프의 사무총장의 연설을 들어 보세요. (영어)

폴리오플러스 프로그램 런칭

? 폴리오플러스의 '플러스'는 무엇인가?

GPEI란 무언인가?

필라델피아 국제대회 참가자들이 모금 목표액인 1억2,000만 달러가 초과 달성되었다는 소식을 듣고 환호하는 모습을 …

수 년에 걸친 폴리오플러스 캠페인으로 2억 4,700만 달러 모금

로타리의 성공에 힘입어 세계보건총회는 소아마비 퇴치를 위한 글로벌 이니셔티브 (GPEI)를 런칭했다.

1981   1985   1988

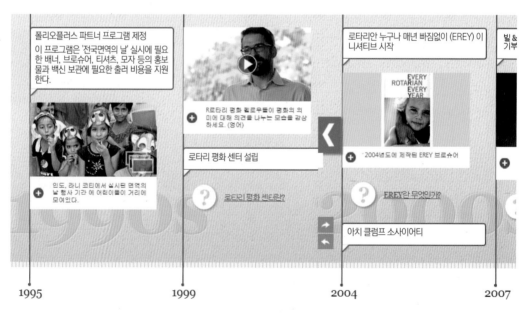

폴리오플러스 파트너 프로그램 제정

이 프로그램은 '전국면역의 날' 실시에 필요한 배너, 브로슈어, 티셔츠, 모자 등의 홍보물과 백신 보관에 필요한 출력 비용을 지원한다.

인도, 라니 코티에서 실시된 면역의 날 행사 기간 에 어린이들이 거리에 모여있다.

R로타리 평화 펠로우들이 평화의 의미에 대해 의견을 나누는 모습을 감상하세요. (영어)

로타리 평화 센터 설립

? 로타리 평화 센터란?

로타리안 누구나 매년 빠짐없이 (EREY) 이니셔티브 시작

EVERY ROTARIAN EVERY YEAR

2004년도에 제작된 EREY 브로슈어

? EREY란 무언인가?

아치 클럼프 소사이어티

빌 & 기부

1995   1999   2004   2007

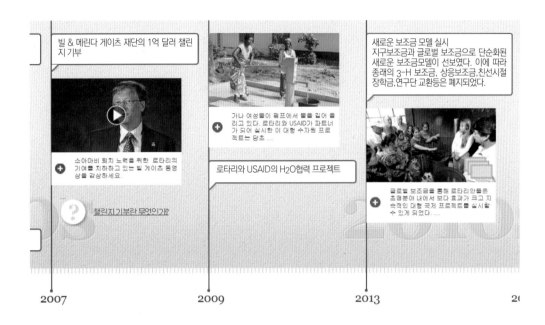

빌 & 메린다 게이츠 재단의 1억 달러 챌린지 기부

소아마비 퇴치 노력을 위한 로타리의 기여를 치하하고 있는 빌 게이츠 동영상을 감상하세요.

챌린지기부란 무엇인가?

가나 여성들이 펌프에서 물을 길어 올리고 있다. 로타리와 USAID가 파트너가 되어 실시한 이 대형 수자원 프로젝트는 당초...

로타리와 USAID의 H2O협력 프로젝트

새로운 보조금 모델 실시
지구보조금과 글로벌 보조금으로 단순화된 새로운 보조금모델이 선보였다. 이에 따라 종래의 3-H 보조금, 상응보조금, 친선시절 장학금, 연구단 교환등은 폐지되었다.

글로벌 보조금을 통해 로타리안들은 초점분야 내에서 보다 효과가 크고 지속적인 대형 국제 프로젝트를 실시할 수 있게 되었다. ...

2007   2009   2013   20

2002년 나이지리아 북부에서는 가가호호를 방문하여 아동들에게 백신을 투여하는 대대적 면역 활동이 실시되었다. Photo:

로타리가 GPEI 파트너들과 함께 소아마비 퇴치에 전력을 기울여온 노력 덕분에 소아마비 발병건수는 GPEI 런칭 당시보다 99.9%가 줄어들었다.

7월 1일부터 로타리재단 창립 100주년의 해 시작

로타리 창립 100주년 경축의 해는 서울 국제대회를 시작으로 막이 오릅니다. 지역사회에서 로타리의 성취를 함께 축하할 계획을 ...

2017 애틀랜타 국제대회에 지금 등록하여 재단 창립 100주년을 함께 축하하세요.

2015   2016   2017

□ 로타리재단 프로그램의 발전

1917년	• 아치 클럼프 RI회장, 미국 애틀랜타 조지아 국제대회에서 '세상에서 선한 일을 하기 위한' 기증기금 설립을 제안 • 미국 미주리 캔자스시티로타리클럽이 처음으로 26달러 50센트를 기증기금에 기부
1928년	• 로타리재단으로 정식 발족, 첫 재단 이사회 구성
1930년	• 로타리재단의 첫 보조금으로 국제장애아동협회(이스터실의 전신)에 500달러 지원
1947년	재단 최초의 프로그램인 고등 학업을 위한 펠로우십 창설- 친선 사절 장학금으로 명칭 변경.
1948년	• 로타리 창시자 폴 해리스 서거, 그를 기리기 위한 로타리안들의 재단 기부금이 18개월 동안 100만 달러를 넘어 섬. • 로타리재단의 첫 프로그램으로 대학원 과정을 위한 국제장학금 발족
1957년	• '폴 해리스 펠로우'표창 제정
1965-66년	사상 처음으로 연간 재단 기부금 총액이 100만 달러를 초과 연구단교환, 기술연수 보조금, 로타리재단의 취지에 부합하는 활동을 위한 보조금 등 3개 프로그램 개설-이 중 로타리재단 취지에 부합하는 활동을 위한 보조금은 상응보조금으로 명칭 변경
1978년	보건, 기아, 인도주의를 위한 3-H 보조금 도입. 최초의 3-H 보조금으로 600만 필리핀 아동들에게 소아마비 예방 접종을 실시하는 프로젝트 지원
1985년	전세계에서 소아마비를 퇴치하기 위한 폴리오플러스 프로그램 발족
1987-88년	최초 평화 포럼 개최-이를 계기로 로타리 평화 펠로우십 창설
1999년	로타리 평화센터 설립. 제1기 평화펠로우 2002년 가을 학기부터 학업 시작 로타리재단 이사회, 미화 1만 달러 이상을 재단에 유증하는 회원을 표창하기 위한 유증회 제정
2004년	모든 회원들에게 매년 연차기부를 장려하기 위한 '로타리안 누구나 매년 빠짐없이(EREY)'이니셔티브 시작 재단 이사회, 25만 달러 이상을 재단에 기부하는 개인, 부부, 단체를 표창하기 위한 아치 클럼프 소사이어티 제정

2007년	게이츠 재단, 로타리에 소아마비 퇴치 기금 조성을 위한 '로타리 1억 달러 챌린지' 제안
2009년	게이츠 재단, 로타리의 소아마비 퇴치 활동을 위해 추가로 2억 5,500만 달러를 기부하는 동시에 챌린지 보조금 액수를 2억 달러로 증액함으로써 로타리의 모금액 1달러에 대해 3.55달러를 상응 USAID와 파트너가 되어 식수, 하수, 위생 증진을 위한 '국제H2O 콜라보레이션'런칭
2012년	로타리 2억 달러 챌린지'를 통해 2억 2,800만 달러를 모금함으로써 게이츠 재단이 2009년에 제안한 '로타리 2억 달러 챌린지'를 달성 인도, 1년 동안 소아마비 발병이 보고되지 않음에 따라 소아마비 토착 발병국가 명단에서 제외
2013년	게이츠 재단, 소아마비 퇴치를 위한 로타리의 모금액 1달러에 대해 2달러를 향후 5년 동안 매년 3,500만 달러까지 상응하기로 제안, 이를 위해 '엔드폴리오 나우 : 새로운 역사 만들기' 캠페인 착수 '미래 비전 파일럿' 종료와 함께 새로운 보조금 모델 전면 실시. 지구, 글로벌, 패키지 보조금이 창설되어 로타리안들에게 세계의 가장 큰 요구에 대응할 수 있는 역량 부여. 상응보조금, 지구보조금(DSF), 친선사절 장학금 연구단교환 등을 중단
2015년	소아마비 토착 발병국이 단 2개국으로 감소 로타리가 GPEI파트너들과 함께 소아마비 퇴치에 전력을 기울인 덕분에 소아마비 발생 건수는 GPEI 런칭 당시보다 99.9% 가 줄어 듬
2016년	로타리재단 창립 100주년 경축의 해는 서울 세계대회를 시작으로 막이 올랐다. 지역사회에서 로타리의 성취를 함께 축하
2017년	로타리재단 창설 100주년, 100년에 걸친 인류애의 실천. 로타리 재단이 1917년 아치클럽프가 "세상에서 선한 일을 실천하기 위한" 기증기금의 설립을 제안한 것에서 태동. 클럽프의 선진적인 비전과 좋은 신념 그리고 전 세계 로타리 회원들의 감동적인 후원에 힘입어 이 기금은 세계에 으뜸가는 인도주의 재단의 하나로 성장 • 전세계 로타리안들이 재단의 탄생지인 애틀랜타에 모여 100년간의 성취를 경축

5. 로타리와 소아마비- 폴리오 플러스
(Polio Plus)

■ 폴리오(소아마비)

불구가 되게 하거나 목숨을 앗아가는 소아마비 바이러스는 아직도 전세계 여러 지역의 아동들을 위협하고 있다. 소아마비 바이러스는 신경 계통에 침투해 단 몇 시간 만에 마비를 일으킨다. 연령에 상관없이 소아마비에 걸릴 수 있지만 특히 5세 미만의 아동들에게 치명적이다. 소아마비는 치료는 불가능하지만 백신에 의해 예방이 가능하다. 또한 다른 질병과는 달리 소아마비는 영구히 퇴치될 수 있다.

■ 폴리오플러스

로타리와 로타리의 파트너들은 30여 년 전 지구상에서 소아마비를 퇴치한다는 목표를 세웠다. 로타리의 폴리오플러스 프로그램은 아동들에 대한 대규모 예방 접종을 통해 소아마비를 퇴치하려는 최초의 범세계적인 보건 이니셔티브였다. 소아마비 퇴치 글로벌 이니셔티브(GPEI)의 핵심 파트너인 로타리는 소아마비 퇴치를 위한 모금, 옹호 활동, 자원봉사자 동원, 일반 대중을 대상으로 한 인식 제고 등을 담당하고 있다.

로타리 회원들은 지금까지 21억 달러가 넘는 기금과 셀 수 없이 많은 무수한 자원봉사 시간을 투입해 122개 국가의 아동 25억 명이 소아마비 백신을 투여받을 수 있게 했다. 로타리의 옹호 활동은 전 세계 각국 정부로부터 100억 달러 이상이 소아마비 퇴치에 기부되도록 하는데 결정적인 역할을 했다.

■ 로타리와 소아마비 퇴치 노력

로타리는 인류가 당면한 가장 어려운 도전과제들에 대처하기 위해 나선 리더들의 글로벌 커뮤니티이다. 소아마비 퇴치는 로타리가 오랫동안 심혈을 기울여 온 최우선 과제이다. 로타리는 파트너 단체들과 함께 전세계 122개국 25억 명의 아동들이 소아마비 백신을 투여받을 수 있도록 지원해 왔다. 소아마비 발병률은 현재 99.9%가 줄어들었다. 우리는 소아마비 퇴치가 공인되는 날까지 그 노력을 늦추지 않을 것이다.

1894	미국에서 최초로 주목할 만한 규모의 발병사태가 일어난 것은 버몬트주였다. 당시 18명이 사망하고 132명이 마비증상을 일으킨 것으로 보고되었다.
1905	스웨덴의 의사 이바르 위크먼(Ivar Wickman)은 소아마비가 사람에서 사람으로 옮겨지는 전염병이며, 감염자 중에는 아무런 증상을 보이지 않는 사람도 있음을 밝혀냈다.
1908	비엔나 출신 의사 칼 란트슈타이너(Karl Landsteiner)와 에르빈 포퍼(Erwin Popper)는 소아마비가 바이러스에 의한 질병임을 밝혀냈다.
1916	뉴욕에서 소아마비 발병 사태가 일어나 2,000명 이상이 사망했다. 미국 전역에서는 소아마비로 인한 사망자가 6,000명에 이르렀으며 그 외에도 수천 명이 사지가 마비되는 불운을 겪었다.
1929	Philip Drinker와 하버드 대학교의 Louis Agassiz Shaw Jr.가 철제로 된 호흡 보조기(일명 iron lung)를 발명했다.
1955	조나스 솔크 박사가 개발한 백신이 "안전하고 효과적인 것"으로 공표되었다.
1960	미국 정부는 알버트 사빈 박사가 개발한 경구 소아마비 백신을 허가했다.
1979	로타리클럽들은 600만 명에 달하는 필리핀 아동들을 위한 소아마비 백신 구입과 운반을 위한 프로젝트를 실시했다.
1985	국제로타리는 공공 보건 이니셔티브를 지원하는 사상 최초이자 최대 규모의 민간 지원 캠페인인 폴리오플러스를 런칭했다. 당시의 모금 목표액은 미화 1억2,000만 달러였다.
1988	국제로타리와 세계보건기구는 소아마비 퇴치를 위한 글로벌 이니셔티브(GPEI)를 발족시켰다. 당시에 125개 국에서 연간 35만 건의 소아마비가 발병했다.
1994	소아마비 퇴치 공인을 위한 국제위원회는 소아마비가 아메리카 대륙에서 퇴치되었다고 선포했다.
1995	보건 요원들과 자원봉사자들은 인도와 중국에서 1주 안에 1억6,500만 명의 아동들에게 백신을 투여했다. 로타리는 폴리오플러스 파트너 프로그램을 발족시켜 소아마비 퇴치 국가의 클럽들이 발병국들의 퇴치 활동을 지원할 수 있게 했다.
2000	전세계 인구의 10분의 1에 해당하는 5억5,000만 명의 아동들이 소아마비백신을 투여받았다. 호주에서 중국에 이르는 서태평양 지역이 소아마비 퇴치를 공인받았다.

2003	로타리재단은 12개월 동안의 캠페인 끝에 1억1,900만 달러를 모금했다. 소아마비 퇴치를 위한 로타리의 총기부금은 5억 달러를 넘어섰다. 소아마비 발병국은 아프가니스탄, 이집트, 인도, 니제르, 나이지리아, 파키스탄의 6개국으로 줄어들었다.
2004	아프리카 23개국에서 8,000만 명의 아동들에게 백신을 투여하는 합동 면역의 날 행사가 실시되었다. 이는 당시 아프리카에서 실시된 최대 규모의 면역 활동이었다.
2006	소아마비 발병국이 아프가니스탄, 인도, 나이지리아, 파키스탄 등 4개국으로 줄어들었다.
2009	소아마비 퇴치를 위한 로타리의 기부금은 총 8억 달러에 이르렀다. 빌 &멜린다 게이츠 재단은 3억5,500만 달러의 기부를 약정하고 2억 달러의 챌린지 기부를 제안함으로써, 훗날 GPEI에 총 5억5,000만 달러가 기부되었다.
2011	로타리는 소아마비 퇴치가 목전에 다가왔음을 알리는 '요만큼' 캠페인을 런칭하고 세계적인 유명인사들을 홍보대사로 영입했다. 홍보대사 중에는 노벨 평화상 수상자인 데스몬드 투투 주교를 비롯해 세계적인 바이얼리니스트 이작 펄만, 빌 &멜린다 게이츠 재단의 빌 게이츠, 그래미상 수상 가수인 앤젤리크 키드조와 지기 말리, 환경보호 운동가인 제인 구달 박사 등이 포함됐다. 소아마비 퇴치를 위한 로타리의 기부는 10억 달러를 넘어섰다.
2012	인도에서 1년 동안 소아마비가 발병하지 않음으로써 세계보건기구는 인도를 발병국 명단에서 삭제시켰다. 이로써 전세계에는 소아마비 발병국이 3개국가만 남게 되었다. 로타리는 2억 달러 챌린지 목표액을 예정 기한보다 무려 5개월 앞서 초과 달성했다.
2014	인도에서 3년 동안 야생 바이러스에 의한 소아마비가 발병하지 않음으로써 세계보건기구는 남동 아시아 지역의 소아마비 퇴치를 공표했다. 소아마비 발병건수는 1988년 이래 99%가 감소되었다.
2020	2020. 9월 현재 아프리카 지역에서 야생 소아마비 바이러스가 마침내 퇴치되었다. 이로써 이 지역 47개국 어린이들이 야생 소아마비 바이러스의 공포로부터 벗어나게 되었다. 이제 우리는 이 커다란 성취를 축하하는 동시에 야생 바이러스에 의한 소아마비가 여전히 발병하고 있는 2개국 아프가니스탄과 파키스탄의 야생 바이러스를 퇴치하는 중요한 역할을 하여야 한다.

■ 숫자로 보는 소아마비 퇴치

$3

아동 1명을 소아마비로부터
완전히 보호하는 데 드는
평균 비용

430 million

2017년 37개국에서 소아마비
백신을 투여받은 아동 수

$100 million

전세계 소아마비 바이러스
감시 활동 비용

■ 폴리오 플러스 파트너 (Polio Plus Partners)

모든 로타리안들이 자원봉사자 동원이나 소아마비 감시 활동에 자금을 기부함으로써 소아마비 박멸 운동에 동참할 수 있게 하려는 것이다. 따라서 이는 소아마비를 완전히 박멸하는데 필요한 가용 자금을 지원하는 프로그램이기도 하다. 폴리오 플러스 파트너 프로그램은 소아마비가 없는 국가와 소아마비가 아직 있는 국가간의 파트너십(백신운반, 주민동원, 홍보 및 계몽 등)을 통해 소아마비 박멸 활동을 측면 지원하는 프로그램이다.

■ 새로운 '실천에 나서는 사람들' 캠페인에 동참해 주세요

많은 사람들이 '로타리'라는 이름을 알고 있지만 로타리클럽이 무엇을 하는지 제대로 이해하고 있는 사람은 소수에 불과하다. 실제로 일반 대중의 35%가 로타리의 다양한 프로그램은 커녕 가까운 로타리클럽에 대해서도 모르고 있다. 이것이 바로 로타리의 새로운 글로벌 홍보 캠페인인 '실천에 나서는 사람들'이 창안된 이유이다. 캠페인 자료는 Rotary.org/brandcenter에서 다운로드가 가능하다. 여러 종류의 광고자료 외에도, 각 디자인 요소를 맞춤 편집하는 방법과 광고 활용의 노하우가 설명된 가이드라인이 마련되어 있어, 어느 로타리클럽이라도 자신들이 갖고 있는 친교와 봉사 스토리를 로타리 브랜드에 맞게 효과적인 방식으로 전달할 수 있다.

■ 아직 남아 있는 과제

이제 GPEI의 과제는 아프가니스탄과 파키스탄 2개국에 남아있는 야생 소아마비 바이러스를 퇴치하는 것이다. 또한 아프리카에서 일상적인 면역 활동을 강화해 야생 바이러스가 되돌아 오는 것을 막고, 드물지만 지속적으로 사람들을 감염시키는 백신에 의한 소아마비 바이러스로부터 아동들을 보호하는 것이다.

소아마비를 퇴치하려면 양질의 복합적인 면역 캠페인이 지속되어야 한다. COVID-19 팬데믹 기간 동안에도 보건요원들에 대한 적절한 보호 조치와 함께 아동들에게는 소아마비 백신이 투여되어야 한다.

글로벌 보건 관계자와 전문가들은 아프리카를 위해서 뿐 아니라 소아마비 없는 세상이라는 궁극적인 목표를 달성하기 위해서도 지속적인 모금과 옹호가 여전히 중요하다고 지적한다. 로타리 회원들은 아프리카를 바이러스로부터 안전하게 지켜내고 남은 2개국에서 바이러스를 박멸하는데 여전히 중요한 역할을 맡고 있다.

20-21년도 홀거 크나악 RI회장은 "소아마비 없는 세상을 향한 큰 진전이지만 우리의 싸움은 아직 끝나지 않았다"고 지적하고 "우리가 이 과업을 완수하려면 여전히 로타리 회원과 기부자, 그리고 보건 요원들의 영웅적인 노력이 필요하다"고 강조했다.

endpolio.org을 방문해 소아마비 퇴치 노력에 동참 해보자.

소아마비를 퇴치해야 하는 5가지 이유

1 삶의 개선

오늘날, 소아마비로 사지가 마비될 뻔한 1,900만 명이 걸어다니고, 생명을 잃을 뻔했던 150만 명이 소중한 삶을 살고 있습니다.

2 미래에 대한 투자

만약 모든 소아마비 퇴치 노력이 오늘 중단된다면 10년 안에 연간 20만 아동이 마비를 겪게 될 수 있습니다. 소아마비 없는 세상은 전 세계 모든 아동이 보다 건강한 세상입니다.

3 아동 건강 개선

소아마비 감시 네트워크와 예방접종 캠페인을 통해 비타민 결핍증이나 홍역과 같은 다른 아동 질환도 조기 발견, 치료됩니다.

4 경제적 혜택

소아마비 퇴치를 위한 범세계적인 노력으로 지난 1988년 이래 이미 270억 달러의 보건 비용이 절감되었으며, 2050년까지 추가로 140억 달러가 절감될 것으로 예상됩니다.

5 역사적 쾌거

소아마비 퇴치는 인류 공중보건 역사상 가장 위대한 업적 중의 하나가 될 것입니다. 이제까지 퇴치된 인간 질병은 천연두 하나뿐입니다.

기금이 소아마비 퇴치의 관건입니다

소아마비와 맞서 싸우며, 우리는 함께 힘을 합하면 어떤 일이 일어날 수 있는지 보여주었습니다. 소아마비 없는 세상은 실현 가능합니다. 하지만 우리가 다 함께 실천에 나설 때에만 가능합니다.

면역 활동	감시 시스템 개선	인력 확보
매년 4억 명 이상의 아동들에게 백신을 투여합니다	사람이나 주변 환경 내의 소아마비 바이러스 탐지를 위해 질병 감시 시스템을 개선합니다	15만 명 이상의 보건요원들이 누락되는 아동이 없도록 각 가정을 방문합니다

소아마비가 퇴치되지 않으면 10년 이내에 수십만 명의 아동이 마비를 겪게 될 수 있습니다. 전 세계적으로 보건 경비는 치솟을 것이며 소아마비의 영향을 받은 사람들의 삶의 질은 급격하게 하락할 것입니다.

여러분의 기부는 소중한 생명을 살리고 아동들에게 건강한 미래를 선사합니다.

endpolio.org 에서 기부하세요

3배로 늘어나는 기부 효과

빌&멜린다 게이츠재단은 로타리가 소아마비 퇴치에 사용하는 기금에 대해 매년 5,000만 달러까지 2배로 상응 지원합니다.

여러분의 기부액

$25

빌&멜린다 게이츠재단

+ $50

소아마비 퇴치를 위한 기부금 총액

$75

이 기금으로 구입할 수 있는 것:

150개
보건요원들이 안전하게 활동할 수 있도록 착용하는 조끼

75개
백신을 냉장상태로 효과적으로 운반할 수 있는 캐리어

600개
백신을 투여받은 아동의 새끼 손가락에 표시하는 보라색 마커

"로타리는 소아마비 없는 세상을 위해 나선 최초의 단체입니다. 그동안 많은 로타리안들이 기금 모금, 면역 활동, 그리고 옹호 노력에 앞장서왔으며, 이제 가장 어려운 마지막 단계를 남겨놓고 있습니다. 이를 완수하려면 모든 로타리안의 도움이 절실합니다. 저는 우리가 소아마비 없는 세상을 이룩할 것이라 확신합니다."

빌 게이츠,
빌&멜린다 게이츠재단 공동의장

매 로타리연도마다 각 클럽은 1,500달러 이상, 지구는 지구지정기금(DDF)의 20% 이상을 소아마비 퇴치에 지원할 것을 권장합니다. 이를 달성하는 클럽과 지구는 감사 표창을 받게 됩니다.

지원 방법

알아보기
공유하기
기부하기

endpolio.org

944-KO—(220)

로타리 스케치

가을

로타리로 간다

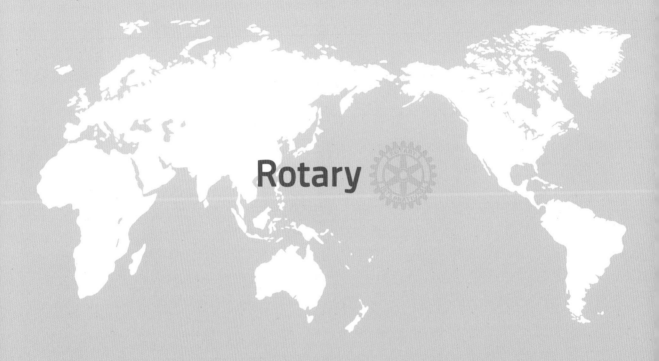

Rotary

로타리 봄 여름 가을 겨울

Chapter 5
로타리 클럽

Chapter 5. 로타리 클럽

1. 로타리클럽 회원

클럽은 선량한 인격과 정직성 및 리더십을 갖추고 사업이나 종사하는 직업분야 또는 지역사회에서 평판이 좋은 성인으로서, 소속 지역사회 그리고 전세계를 위해 봉사하려는 의지를 지닌 사람들로 구성된다.

1) 회원의 자격

(1) 정회원(Active Membership)

클럽 소재지 또는 인접 지역에 직장 또는 주거지가 있는자로서(단, 전출하는 경우라도 이사회가 허락하면 클럽의 회원 자격을 계속 유지) 특정 사업이나 직종, 직업 그리고 지역사회에서 활동하며 회원의 자격 요건이 갖추어진 사람은 클럽의 정회원으로 선출될 수 있다.

클럽의 각 정회원은 로타리안이라고 하며, RI의 휘장, 배지 및 기타의 기장을 착용할 수 있다.

(2) 명예회원 (Honoray Membership)

로타리 이념을 증진함에 있어 탁월한 공로가 있는 사람과 로타리의 대의를 지원함으로써 로타리의 친구로 간주되는 사람은 1개 이상의 클럽에서 명예 회원으로 선출될 수 있다.

명예 회원은 클럽 이사회가 정하는 임기로 선출할 수 있으며, 회비 납부 면제, 투표권을 행사 할 수 없고, 클럽의 어떤 직책도 보유할 수 없으며, 직업분류를 갖지 않는다.

소속 클럽의 모든 모임에 참석하고 클럽의 다른 모든 특전을 누릴 수 있지만, 로타리안의 초대없이 타 클럽을 방문할 수 있는 권리를 제외하고는 소속 클럽 외의 다른 클럽에서 그 어떤 권리나 특전도 행사 할 수 없다.

(3) 이중 회원 금지

그 어떤 회원도 소속클럽의 위성클럽일 경우를 제외하고, 2개의 클럽에 동시에 소속될 수 없다.

동일한 클럽에서 명예 회원 자격을 동시에 보유할 수 없다.

(4) 이적 또는 전 로타리안

클럽의 회원 혹은 전 회원은 이적 회원 또는 전 회원을 회원으로 추천할 수 있다. 타 클럽에 채무를 진 후보자는 회원 자격을 갖지 못한다. 전 회원을 가입시키려는 클럽은 반드시 동 예비 회원에게 이전 소속 클럽으로부터 채무를 모두 이행했다는 진술서를 서면으로 받아 제출하게 해야 한다. 이적 또는 전 로타리안을 정회원으로 입회시키는 것은 이전 소속 클럽 이사회로부터 가입 심사 중인 예비 회원의 멤버십 여부와 채무 여부를 확인해 주는 서면 진술서 수령여부에 달려있다. 서면 진술서가 30일 이내에 제공되지 않으면 해당 회원은 타 클럽에 대한 채무가 없는 것으로 간주한다.

(5) 멤버십의 다양성

각 클럽 또는 로타랙트클럽은 다양성 증진을 위해 균형 잡힌 멤버십을 구축하도록 노력해야 한다. RI에 가입한 시기와 방식에 관계없이 그 어떤 클럽이나 로타랙트클럽도 성별, 인종, 피부색, 종교, 출신 국가, 성적 지향을 근거로 회원 자격을 제한하거나, RI 정관 또는 세칙에서 명백히 허용하지 않는 회원 자격에 대한 조건을 강요할 수 없다.

2) 회원의 의무

(1) 정기모임과 행사 참석 : 모든 회원은 정기모임과 클럽의 봉사프로젝트, 행사, 기타 활동에 50% 이상 출석하거나 출석보전하여야 한다.

(2) 클럽 회비 납부 : 회비 납부(로타리 분담금 및 클럽회비 의무납입금) 소정의 의무분담금을 납부기일까지 납부하여야 한다.

(3) 자신의 전문 지식·기술과 재능을 활용해 봉사 실천 : 소속 클럽의 지역사회 및 국제봉사 활동 계획을 숙지하고 봉사 참여 방법을 적극 모색한다.

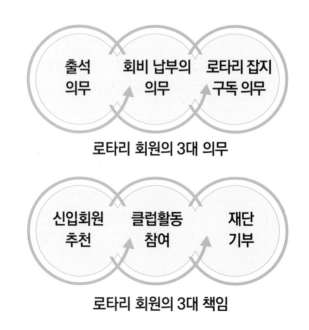

로타리 회원의 3대 의무

로타리 회원의 3대 책임

3) 회원의 혜택

로타리 회원이 되면 사회 환원에 대한 열정을 공유하는 다양한 분야의 전문인재들과 연결된다. 그리고 클럽 정기모임과 각종 행사를 통해 다음과 같은 즐거움을 누릴 수 있다.

- 몸담은 지역사회를 개선하기 위한 창의적인 해결책 모색하기
- 세상을 변화시키는 일에 앞장서는 진정한 리더들과 함께하기
- 리더십과 전문기술 강화하기
- 오랜 친구들과의 우정을 다지고 새로운 친구들 만나기
- 로타리 글로벌 리워드: 회원들에게 다양한 상품과 서비스에 대한 할인 혜택을 제공하는 회원 특전 프로그램 공유하기
- 로타리 국제대회: 로타리의 가장 큰 연례 행사로, 전세계 회원들이 한 자리에 모여 지금까지의 성과를 축하하고 앞으로의 계획을 세우는 자리에 참여하기
- 로타리 동호회: 취미나 관심사, 직업분야 등이 같은 사람들과 함께하기

4) 로타리 불문율

(1) 로타리는 매월 7월이 되면 이사, 임원이 교체된다.

신임회장은 새 집행부를 맡아 일할 회원들에게 임무를 위촉하게 되는데 이때 위촉 받은 사람은 참으로 영광이요, 좋은 봉사의 기회가 되는 것이다.

이때 못하겠다고 "노(NO)"라고 말하지 못하게 하는 것이 로타리의 불문율이다. 이러한 봉사 분위기를 마다하고 "노(NO)"라고 한다면 로타리 회원으로 있을 아무런 이유가 없는 것이다. 회장은 그분의 인품과 노력 등 모든 것이 최적이라고 인정될 만큼 심사숙고하여 위촉하여야 한다.

(2) 정기모임은 토론의 장이 아니다.

정기모임장에서의 토론은 금물이며 다만 친목과 우정을 다지면서 즐겁게 지내도록 힘써야 한다. 논란의 안건에 대해서는 이사회나 클럽협의회에서는 얼마든지 토론하여도 좋다.(모든 결정은 이사회에서)

(3) 로타리는 각자 직업과 사회적 배경이 다른 사람이 모인 단체다.

얼굴이 다른 것과 같이 각자 의견도 다르다. 그러나 다수결로 일단 결정되면 이에 순응하는 것이 민주주의의 원칙이다. 로타리는 가장 민주적인 단체다. 자기의 의견과 다르게 결정되었다 해서 사회인이나 타 클럽 회원에게 불평하지 않는 것이 로타리의 불문율의 하나이다.(관용)

(4) 로타리 행사에 참석할 때는 로타리 핀을 달아야 한다.

로타리를 사랑하는 사람은 평상시에도 로타리의 핀을 달고 다닌다.

(5) 사찰은 친밀한 분위기 속에서 상호간의 웃음으로 봉사성금을 거출하여 봉사 활동의 재원으로 삼는다.

(6) 정기모임에서는 아호 또는 로타리 네임을 정하여 서로 정감있게 부르게 한다.

5) 로타리와 여성

1905년~1989년까지의 국제로타리 정관과 세칙은 남성만이 로타리클럽의 회원이 될 수 있는 것으로 규정되어 있었다.

1978년 미국 캘리포니아 두아르테 로타리클럽은 3명의 여성을 회원으로 영입했다. RI 이사회는 RI 정관 및 표준 로타리클럽 정관을 위배했다는 이유로 클럽의 회원자격을 정지시켰다. 이 클럽은 RI를 상대로 소송을 제기하였고 1987년 최종심인 미연방 대법원은 "로타리클럽이 성별로 인해 여성을 회원자격에서 제외시킬수 없다"는 판결을 냈다. 1987년 5월 28일 창립된 마린 선라이즈 로타리클럽은 미국 대법원의 판결 후, 여성을 창립회원으로 가입시킨 최초의 로타리클럽이 되었다. 두아르테 로타리클럽의 실비아 휘틀락은 최초의 여성 로타리클럽 회장이 되었다. 그 이후 1989년 규정심의위원회는 로타리에서 '남성'만이라는 규정을 삭제하는 RI정관을 개정하여 여성이 로타리회원으로 영입되기 시작하였고 현재 여성회원들은 전 세계의 클럽 및 지구의 지도자로 발돋움하고 있다.

6) 아호 또는 별명

로타리 초기부터 회원들은 서로의 이름을 불러왔다. 개인적인 친분과 우정이 로타리의 근본정신이었기 때문에 회원들 간의 대화에서 정식 관위를 부르지 않는 것을 당연시 하였던 것이다. 통상 박사, 의사, 선생, 교수, 장관 또는 경이라고 칭해지던 사람들이 조, 빌, 찰리 또는 제리라고 불렀다. 주로 아시아 국가의 클럽에서는 신입회원에게 그 사람의 개인적인 특성, 회원의 사업이나 전문직업을 나타내는 재미있는 아호를 지어주고 서로 불러준다. 이는 회원들 간의 평등과 개인적인 우애의 정신으로 봉사를 위한 모든 기회의 문을 여는 첫 번째 단계이기도 하다.

2. 로타리클럽 조직

1) 클럽 리더십플랜

클럽 리더십 플랜의 목적은 로타리클럽이 효과적으로 기능하기 위한 관리의 기본틀을 제공하여 클럽을 강화하는 것이다. 클럽 지도부는 지구 리더십 플랜에 설명된 바와 같이 지구 지도부와의 협의를 통해 클럽 리더십 플랜을 실행하며 이를 매년 검토한다. 효과적인 클럽은 다음의 특징을 보인다.

(1) 회원수가 유지되거나 증가한다.

(2) 소속 지역사회나 다른 나라의 지역사회의 필요에 부응하는 프로젝트를 성공적으로 추진한다.

(3) 재정적 기부와 프로그램 참여를 통해 로타리재단을 지원한다.

(4) 클럽 차원을 넘어서 로타리에 봉사할 수 있는 역량 있는 지도자를 육성한다.

(5) 효과적인 클럽의 요소를 충족하기 위한 장기적인 목표를 개발한다.

(6) 연간 목표를 설정하고 이를 로타리클럽 센트럴에 입력한다.

(7) 클럽 회원을 계획 수립 절차에 동참시키는 클럽협의회를 개최해 로타리의 활동에 대한 정보를 회원들과 공유한다.

(8) 클럽 회장, 이사회, 위원장, 클럽 회원, 지구 총재, 지역대표 및 지구 위원회 간에 명확한 의사소통이 이루어지게 한다.

(9) 차기 지도부의 발굴을 위한 인수 인계 계획 등을 마련하여 지도부의 연속성을 도모한다.

(10) 클럽 위원회의 조직 구성과 클럽 지도부의 역할 및 책임을 반영하도록 클럽 세칙을 수정한다.

(11) 클럽 회원들 사이에 동료애를 증진하는 기회를 제공한다.

(12) 모든 회원이 클럽 프로젝트와 행사에 활발히 동참하도록 한다.

(13) 종합 연수 계획을 수립하고 실행하여 다음을 보장한다.

- 클럽 지도부는 적절한 지구 연수회에 참석한다.
- 신입회원 오리엔테이션을 정기적으로 일관되게 제공한다.
- 현 회원들이 교육 기회를 항시 활용할 수 있도록 한다.
- 리더십 기술 개발 프로그램이 모든 회원에게 제공되게 한다.

2) 클럽 위원회

클럽 위원회들은 클럽의 연간 목표와 장기 목표를 실행할 책임이 있다. 차기 회장과 현 회장 그리고 직전 회장은 리더십의 연속성과 원활한 인수 인계를 지원하고자 상호 협력한다. 활동의 일관성 유지를 위해 위원들이 가급적 같은 위원회에서 3년간의 임기로 일하는 것이 바람직하다. 차기 회장은 위원회의 공석을 충원하고, 위원장을 임명하며, 임기 시작 전에 준비 모임을 개최할 책임이 있다. 해당 위원회에서 위원으로 활동한 경력이 있는 이가 위원장직을 맡는 것이 바람직하다.

로타리클럽의 권장 상임 위원회는 5개이다. 표준 로타리클럽 정관의 제11조에 따라 임명되는 것이 바람직하며, 클럽 세칙에 반영되어야 한다.

그러나 클럽의 관심과 활동에 따라 위원회/소위원회를 추가하거나 생략할 수 있다.

옵션 1: 표준 로타리클럽 위원회

위원회	클럽관리	멤버십	공공이미지	봉사 프로젝트	로타리재단
가능한 소위원회	·클럽 프로그램 ·회원 커뮤니케이션 ·웹사이트 ·친목행사	·신입회원 환영 ·회원 참여 강화 ·신입회원 오리엔테이션 ·회원 다양화	·언론 홍보 ·광고 및 마케팅 ·웹 및 소셜미디어	·국제봉사 ·사회봉사 ·직업종사 ·청소년봉사 ·기금 모금 (클럽 프로젝트)	·소아마비 퇴치 ·기금 모금 (보조금) ·보조금

옵션 2: 소규모 로타리클럽 위원회

위원회	클럽관리	멤버십	공공이미지	봉사 프로젝트	로타리재단

옵션 3: 대형 로타리클럽 위원회

위원회	클럽관리	멤버십	공공이미지	봉사 프로젝트	로타리재단
가능한 소위원회	·클럽 프로그램 ·회원 커뮤니케이션 ·웹사이트 ·친목행사	·신입회원 환영 ·회원 참여 강화 ·신입회원 오리엔테이션 ·회원 다양화 ·신생클럽 ·온라인 가입 문의 ·평가	·언론 홍보 ·광고 및 마케팅 ·웹 및 소셜미디어	·국제봉사 ·사회봉사 ·직업종사 ·청소년봉사 ·기금 모금 (클럽 프로젝트)	·소아마비 퇴치 ·기금 모금 (보조금) ·보조금 ·연차 기부 ·고액 기부 ·스튜어드십

3) 클럽 내 역할

(1) 회장

- 클럽과 이사회의 회합 주재
- 각 위원회의 위원장 및 위원 임명
- 클럽협의회 주최
- 예산을 수립하고 연례 회계감사를 포함한 클럽 재정을 관리
- 청소년 프로그램 참가자를 위한 안전한 환경 조성
- 지구총재 및 지역대표와 협력

(2) 총무

- 회원 기록 유지: 클럽 회원 수를 최신으로 유지하는 것이 중요
- 클럽, 이사회, 위원회 회의의 의사록 작성
- 클럽을 원활하고 효과적으로 운영
- 클럽의 동향을 관찰하여 강점과 취약점을 파악, 클럽과 지구 리더에게 보고
- 원활한 인수인계를 위해 차기 총무와 협력

(3) 재무

- 클럽 기금 관리
- 회비, 참가비 등을 걷어 납부
- 클럽 재정현황 보고
- 로타리재단과 협력
- 클럽 회비 청구서 확인 및 납부: 클럽 회비 청구서는 매년 7월 1일과 1월 1일을 기해 로타리 데이터베이스에 등록된 회원 수를 기준으로 청구하거나 납부
※ 재무가 하는 일은 지역 법규와 문화적 관행에 따라 차이가 있을 수 있음.

(4) 클럽위원장의 역할

- 위원회 기능을 전반적으로 감독
- 정기적으로 위원회 모임 및 활동 주최
- 위원회 업무 감독 및 조율
- 위원회 활동을 클럽 이사회에 보고

(5) 사찰(SAA; Sergent at Arms)
- 주회의 준비, 진행의 질서 유지에 배려와 감독을 하는 등 클럽의 주요 직책
- 성금을 기부하게 만드는 역할(성금은 로타리의 특유한 기부 문화로서 주회를 유익하고 재미있게 하여 친목을 증진시키고 사회봉사 자금에 충당하는 중요 재원 마련역할)

(6) 임원
- 회장, 직전회장, 차기회장, 총무, 재무로 구성(클럽 이사회에 반드시 소속)
- 부회장, 사찰 등은 이사회에 추가시킬 수 있음

3. 로타리클럽 운영

1) 정기모임

로타리클럽은 매주 1회, 세칙으로 정한 날짜와 시간에 정기모임을 갖는 것을 표준으로 한다. **국제로타리** 2016 규정심의회에서 각 클럽에 모임 빈도, 형식, 출결에 대한 재량권을 부여했으며, 2016년 7월부터 각 클럽은 어떠한 형식으로든 한 달에 2회 이상 정기모임을 갖도록 장려했다.

※ 이러한 결정은 표준 로타리클럽 정관의 내용을 개정하는 것이 아니라 유연한 제도를 채택하고자 하는 클럽은 원하는 방향으로 클럽 세칙을 개정해야 한다. 정기모임, 출석, 조직, 회원 종류 등에 대한 기존 규정을 선호하는 클럽은 이를 그대로 유지한다.

2) 이사회

클럽의 관리 기관으로 클럽의 세칙에 정한 임원과 이사로 구성되며 회의는 매월 정기적으로 개최한다. 임시 이사회는 회장이 필요하다고 판단할 경우 혹은 이사 2명 이상의 요청이 있을 경우 회장이 소집한다.

이사회는 모든 임원과 위원회를 총괄하며, 정당한 사유가 있을 시 어떤 임원이나 위

원도 해임시킬 수 있다. 클럽의 모든 사안에 관한 이사회의 결정은 최종적이지만, 클럽에서 이의를 제기할 수는 있다.

이의를 제기하였을 때 이사회가 지정한 정기모임에서 정족수가 출석하여 출석회원 3분의 2 이상의 찬성 투표가 있을 때에 한해 이사회의 결정이 번복될 수 있다.

매 이사회 회의 후 60일 이내에 서면 회의록을 만들어 모든 회원들이 조회할 수 있도록 한다.

3) 연차총회

클럽 임원을 선출하고 전년도 재정보고서와 함께 당해 연도 수입과 지출을 포함한 연도 중간보고서를 발표하기 위한 연차 총회는 세칙의 규정에 따라 매년 12월 31일 이전에 개최한다.

4) 클럽협의회

클럽 회장이 주재하고 클럽 임원, 이사 및 각 위원장들을 비롯한 회원 전체가 참석하는 모임으로, 지구와 클럽 프로젝트와 활동, 회원들이 중요하게 여기는 사안에 대한 아이디어를 나누고 정보를 공유하기 위해 개최된다. 클럽협의회는 지구 총재 또는 지역대표의 공식 방문과 함께 진행한다.

5) 위원회

클럽은 표준 로타리클럽 정관에 명시된 위원회를 구성하여야 하며, 각 위원회의 위원장은 위원회의 정기모임과 활동을 책임지며, 위원회의 업무를 감독, 조정하며, 위원회의 모든 활동을 이사회에 보고한다.

6) 로타리 연도가 7월 1일에 시작되는 이유

로타리 연도는 7월 1일에 시작된다. 초창기에는 국제대회가 회계년도를 결정하는 데 결정적인 역할을 했다.

로타리의 첫 회계년도는 최초의 로타리대회가 끝난 다음날인 1910년 8월 18일부터 시작되었으며, 1911-12 회계년도는 1911년 로타리대회가 개막된 8월 21일부터 시작되었다.

이듬해 8월, 이사회는 로타리클럽 국제연합회에 대한 재정감사를 실시하기로 결정했다. 이에 감사자들은 로타리가 6월 30일에 회계년도를 마감하여 사무총장과 재무가 국제대회 및 이사회를 위한 재정보고서를 준비하고, 국제대회에 파견할 적절한 클럽 대의원 수를 결정하도록 하였다.

집행위원회는 1913년 4월 회합에서 6월 30일을 회계년도 마감일로 정했다. 이로 인해 클럽 회원 수 및 회비 납부 보고 일정도 변경되었으며, 심지어 '로타리안 지'도 이에 맞추어 호수를 변경하였다(1914년 7월 호부터 제 5권으로 변경).

로타리는 1917년까지 7월이나 8월 중에 국제대회를 개최하였다. 1916년, 미국, 오하이오 콜럼버스에서 열린 국제대회에서 대의원들은 앞으로 국제대회를 한여름 무더위를 피해 6월 중에 개최하기로 결정하였다. 이에 따라 다음 국제대회는 조지아, 아틀란타에서 6월 17-21일 사이에 개최되었다.

"로타리 연도"라는 단어는 로타리 관리 업무의 중요성을 강조하기 위해 1913년부터 사용하기 시작했다.

1913년 집행 위원회 결정 이후 지금까지 로타리는 회계년도를 7월 1일에 시작하고 있다.

4. 로타리클럽의 의무 납부금

1) 클럽 회비

모든 클럽 회원은 해당 클럽의 세칙에 규정된 연회비를 납부해야 한다. 클럽 회원의 연회비는 1인당 RI회비, 공식/지역 잡지 구독료, 1인당 지구 회비, 클럽 회비, 그리고 그 외 로타리 또는 지구의 1인당 청구액으로 구성된다.

2) 지구 회비

지구에 소속된 모든 클럽은 지구에서 결정한 지구 분담금을 납부해야 한다.

또한 지구에서 주최하는 회합에 의무적으로 참석 및 참가비(등록비)를 납부하여야 한다.

3) 국제 회비

각 클럽과 로타랙트클럽은 회원 1인당 RI회비를 연 2회 납부하거나 RI 이사회가 정한 날짜에 납부해야 한다.

RI 회원으로서 RI에서 산정한 클럽 회비가 매년 7월 1일과 1월 1일을 기해 로타리 데이터베이스에 등록된 회원 수를 기준으로 청구된다.(클럽으로 이메일과 우편으로 발송된다.)

2019-20년도 반기별 회원 1인당 회비는 미화 34달러였으며, 2020-21년도부터 향후 3년간 매년 1인당 0.50달러씩 인상된다.

로타리클럽 RI 회비		
년도	상반기	하반기
2020-21	RI회비 1인당 34.5$+규정심의비 1$	RI회비 1인당 34.5$
2021-22	RI회비 1인당 35.0$+규정심의비 1$	RI회비 1인당 35.0$
2022-23	RI회비 1인당 35.5$+규정심의비 1$	RI회비 1인당 35.5$

로타랙트 RI회비		
시기	대학 기반 로타랙트클럽	지역사회 기반 로타랙트클럽
2022. 7. 1	RI회비 1인당 5.0$	RI회비 1인당 8.0$

4) 그 외 회비

한국의 모든 로타리클럽은 연간 1회, RI 보고 회원수과 동일하게 클럽에서 일괄 (사)한국로타리 총재단 관리비, (사)한국로타리 청소년연합 회비 그리고 (사) 로타리코리아지 공식잡지 구독료를 납부하여야 한다.

5) 자격 종결 및 회복

로타리 회비를 납부하지 않은 클럽은 국제로타리 회원 자격이 종결된다. 클럽 회원이 로타리 재단 기금을 유용한 경우에도 자격이 정지 또는 종결될 수 있다

(1) 클럽의 자격 종결

미화 250달러 이상의 체납금이 있는 클럽은 납부 시한으로부터 120일(4개월) 이후에 자격이 종결된다.

미화 250달러 미만의 체납금이 있는 클럽은 납부 독촉 연락을 받지만, 이때 자격 종결은 언급하지 않는다.

(2) 자격 회복

자격 종결된 클럽은 자격 종결 후 5개월(150일) 이내에만 자격을 회복할 수 있다.

클럽이 이 기간 내에 자격 회복을 희망하는 경우 체납금과 회원 1인당 미화 30달러의 자격 회복 수수료 전액을 납부해야 하며, 현재 회원 명부도 제출해야 한다. 5개월의 자격 회복 기간 동안 체납액 중 일부분만 납부한 경우, 이 금액은 자격 종결된 클럽의 체납액에서 차감된다.

자격 종결된 날짜로부터 5개월(150일) 이내에 체납금 및 자격 회복 수수료 전액 납부, 현재 회원 명부 제출 등의 자격 회복 요구사항을 이행하지 않은 경우, 클럽 인증 자격이 상실되어 자격을 회복할 수 없다.

자격을 회복한 클럽은 클럽 명칭, 연혁 및 인가를 유지하며, 양호한 재정 상태를 갖추어 로타리의 모든 서비스를 제공받을 자격이 있는 것으로 판단한다.

(3) 클럽회원의 자격 종결

클럽 총무는 납부일로부터 30일이 지나도록 회비를 납부하지 않은 클럽 회원들에게 체납 사실을 서면 통보해야 한다. 통보 서신에는 최종 납부 기한과 체납액이 명시되어 있어야 한다. 통보일로부터 10일이 경과한 후에도 회비를 지불하지 않은 회원은 클럽 이사회의 승인하에 자격이 종결될 수 있다. 해당 회원이 청원서를 제출하고 체납액을 완납한 경우 이사회는 동 회원의 자격을 회복시킬 수 있다.

5. 회원 증강

1) 신생클럽 창립 개발

(1) 신생클럽 창립 개발 : 지구총재는 해당 지구의 모든 신생클럽 창립 활동을 주관하며, 이러한 활동을 조율할 총재특별대표(신생클럽 어드바이저) 역할을 직접 수행하거나 임명할 책임이 있다.

(2) 총재특별대표(신생클럽 어드바이저) : 지구에서 신생클럽 조직 시 지구총재를 대표하는 로타리안이다. 지구 총재특별대표(신생클럽 어드바이저)가 효과적으로 활동하기 위해서는 리더십의 연속성이 있어야 하므로 3년의 임기로 임명되나, 이는 검토 대상이 될 수 있다.

2) 신생클럽 창립하기

(1) 신생클럽의 창립회원 : 주로 사업가, 전문직 종사자, 지역사회 지도자들로 구성되며, 해당 지역 출신이거나 해당 지역사회에서 주민, 사업가, 전문직업인으로서 이미 정착된 삶을 영위하는 이들이 선호된다.

(2) 신생클럽 창립 요건 : 로타리가 신생클럽 신청서를 접수하고 이를 승인한 후에 신생클럽의 가입이 허락된다.

(3) 신생클럽의 명칭 : 각 신생클럽은 지역사회와 연계될 수 있는 명칭을 채택하고 선택한 명칭을 정관에 명시해야 하며, RI의 승인을 받아야 한다.

(4) 지역사회 출신 창립회원 : 창립회원 중 적어도 50%는 신생클럽이 소속된 지역사회 출신이어야 한다.

(5) 창립회원 명단 : 신생클럽이 로타리 가입 신청서의 일부로 RI 이사회에 제출하

는 회원 명단을 클럽의 전체 창립회원 명단으로 간주한다. RI 이사회가 창립 신청에 대한 가부를 결정할 때 까지는 클럽에 추가 회원을 가입시킬 수 없다.

(6) 스폰서 클럽의 최소 회원 수 : 신생클럽을 스폰서하기를 희망하는 클럽은 최소 20명의 회원을 보유해야 한다. 스폰서 클럽이 2개 이상인 경우, 둘 중 한 클럽만 20명의 최소 회원 수 요건을 갖추면 된다.

(7) 신생클럽 창립 승인 : 신생클럽은 클럽 회원이 외부의 지원없이 모든 필요한 RI 및 지구 회비와 수수료를 납부할 수 있으며, 회비를 로타리에 송금할 능력을 갖추고 있다고 판단되는 경우에만 창립이 승인된다.

(8) 신생클럽의 가입비 : 신생클럽은 창립회원 1인당 미화 15달러의 가입비를 납부해야 한다. 이는 RI 의 신생클럽의 창립 및 지원 비용으로 사용된다.

(8) 창립식 : 지구총재 혹은 지구총재의 지명 대리인이 클럽의 공식 창립식에 참석해야 한다. 경우에 따라 총재특별대표(신생클럽 어드바이저) 혹은 스폰서 클럽의 회장이 지구총재를 대신하여 창립 증서를 증정하도록 요청 받는 수도 있다.

(9) 부정확한 회원 명단 : 창립을 신청하는 신생클럽이 부정확한 회원 명단을 제출한 경우, 사무총장은 다음과 같은 조치를 취해야 한다.
　가. 신생클럽의 창립 승인을 보류한다.
　나. 신생클럽 창립회원 명단의 모든 회원들이 확인될 때까지 창립이 승인되지 않으며, 해당 로타리 연도 중에 지구가 제출하는 모든 신생클럽 가입 신청서는 엄격한 심사를 받게 될 것임을 지구총재에게 통보한다.
　다. 부정확한 회원 명단을 제출했기 때문에 지구총재 임기를 마친 후 3년 간 RI 임무를 수행할 수 없음을 지구총재에게 통보한다.

3) 신입회원

훌륭한 회원의 자격을 갖춘 예상회원들을 로타리에 유치하고 클럽 회원으로 보유하기 위해서는, 다음과 같은 실천안이 마련되어야 한다.

(1) 다양한 회원 구성을 위한 예상 회원 물색

회원 다양성 및 직업분류 평가를 실시하여 지역사회 내의 모든 사업과 직업을 고르게 반영하는 자격을 갖춘 예상 회원들을 물색한다.

로타리 직업분류, 규정 완화와 다양성 확대

| 한 클럽당
1직업 1회원 | | 한 클럽당
1직업 5명까지
50 이상 클럽은
회원 수 10%까지 | | 회원 구성이
특정 사업, 직종,
직업에 편중되지 않도록
클럽이 균형 유지 |

로타리의 직업봉사 활동

☑ 다양한 직업군과 직업인들의 네트워크를 로타리 활동과 연결시킨다.

☑ 전문 직업의 지식과 기술을 활용해 지역사회의 필요에 부응하고, 다른 사람들이 새로운 직업 기회나 관심사를 발견하도록 돕는다.

☑ 직업이나 개인 생활에서 정직과 성실을 중시하는 로타리의 가치를 전파한다.

(2) 신세대 회원 영입

클럽은 전 로타랙터들과 기타 클럽 회원 자격을 갖춘 젊은이들을 적극 영입한다.

클럽은 선량한 인품, 정직성과 리더십을 갖추고, 사업과 직업 및 지역사회에서 평판이 좋은 성인으로서, 소속 지역사회와 전 세계를 위해 봉사하려는 의지를 지닌 젊은

남녀들을 대상으로 로타리 회원의 매력을 홍보할 수 있는 방법을 모색한다.

(3) 소개

로타리와 클럽 그리고 로타리의 핵심 가치를 예상회원들에게 설명하고 소개한다. 클럽의 프로필을 작성하여, 클럽을 방문하는 예상 회원들에게 배부하거나, 혹은 방문객 전원에게 팜플렛, '이것이 로타리다'를 나눠 준다. 아울러 총재월신, 로타리코리아 최근호를 소개하는 것도 좋은 방법이다. 로타리 활동에 열정을 가지고 있는 클럽회원들에 의해 로타리를 소개 받은 사람들은 로타리에 더 많은 관심을 갖게 되고 회원이 되었을 때에도 로타리 활동을 활발하게 하게 되는 경향이 많다.

(4) 초청

추천인과 클럽 회원증강 위원회가 모두 예상 회원을 방문하여 클럽 입회를 권유하고 정기모임에 초청한다. 두 차례 방문을 받게 되는 예상 회원은 더 많은 로타리 지식과 정보를 얻게 된다. 예상 회원의 관심사와 흥미를 알아내어, 클럽 활동과 연결시키는 방법도 좋은 방법이 될 수 있다.

(5)신입회원의 입회식

신입회원 입회식에 관한 일관된 규정이 없으므로 클럽은 품위 있고 의미 있는 입회식 절차를 자체적으로 개발하는 것이 바람직하다. 엄숙하고 의미 있는 신입회원 입회식을 거행하고 입회식을 통해, 로타리안으로서의 책임과 혜택을 알린다. 이때, 신입회원들에게는 다음과 같은 로타리 용품을 제공한다.

- 로타리 라벨 핀
- 클럽 회보
- 총재 월신 최신호
- 로타리코리아지 최신호
- 출석보전을 할 수 있는 인근 클럽 명단
- 클럽 명찰
- 클럽 연혁
- 클럽 ○○년사

가능하면 신입회원 가족들도 함께 초청하며, 신입회원에게 종사하는 업종이나 사업 그리고 가족에 대해 간략히 이야기할 수 있는 시간을 5분 정도 할애해 준다. 신입회원들에게 회원으로서의 긍지를 갖게 해 주는 입회식이 되도록 노력한다.

(6) 로타리 재단에 대한 의무기부 금지

로타리재단은 자발적 기부를 바탕으로 발전해왔다. 재단에 대한 기부가 회원 가입의 조건이 되어서는 안되며, 이러한 회원 가입 조건을 암시하는 그 어떠한 내용도 가입 신청서에서 언급하지 않아야 한다. 클럽이 재단에 대한 기부를 회원 자격의 조건으로 규정하는 세칙을 만드는 것을 금한다. 또한 회원증에 기부와 관련된 그 어떠한 표현도 표시하지 않아야 한다.

(7) 정보 제공 및 오리엔테이션

신입회원들에게 귀 클럽과 국제로타리에 대해 소개하면서, 특히 다음에 초점을 둔다.
• 회원으로서의 혜택　　　• 회원으로서의 책임　　　• 봉사의 기회

공식적인 오리엔테이션 프로그램을 여러 차례 갖는 것이 더 효율적이다.

입회 후 처음 6개월 동안, 신입회원들은 다음을 통해 로타리에 대한 이해를 넓혀 나갈 수 있다.

• 신입회원 오리엔테이션 참가
• 로타리 지식 서적 숙독
• 다음의 클럽 회합에 1회 이상 참가
　- 클럽 정기모임에서 자신의 직업에 대해 소개
• 다음과 같은 임무 가운데 최소한 한 가지 이상 실천
　- 다른 클럽 정기모임 출석보전
　- 클럽 정기모임에 게스트를 초대하거나 예상 회원을 초청

- 다음과 같은 지구 회합에 1회 이상 참석
  - 지구대회   - 지구협의회
  - 지구회원증강 세미나   - 지구 로타리재단 세미나
- 봉사하고자 하는 위원회를 선정하여 활동

(8) 참 여

회원들을 클럽 위원회나 친목 행사, 정기모임, 이사회 또는 봉사 활동에 참여할 수 있게 한다. 이러한 활동에 참여하는 회원들은 로타리를 자신의 일부분으로 느끼게 됨으로 소속감을 갖게 된다.

회원들은 클럽활동에 참여시키는 방법들은 다음과 같다.

- 신입회원들을 위원회에 배정하거나 정기모임에서 담당할 역할을 준다.
- 1년 동안 신입회원 배지를 착용토록 하여, 기존 회원들로 하여금 신입 회원들에게 특별한 관심을 보이도록 한다.

  내빈 또는 정기모임 연사를 소개하거나, 출석을 체크하는 역할을 하게 한다.

- 신입회원을 지구대회에 파견함으로써, 클럽 차원 이상의 로타리 세계와 프로젝트를 경험할 수 있는 기회를 준다. 어떤 클럽들은 신입회원들의 지구대회 참가 경비를 보조해 주기도 한다. 지구대회를 다녀온 신입회원들에게 대회 참가 보고서를 제출하도록 한다.

(9) 교 육

신입회원 뿐만 아니라, 클럽의 기존 회원들을 대상으로, 로타리에 대한 지식을 높여주는것은, 회원들이 더욱 열정을 가지고 로타리 활동을 할 수 있게 하는 지름길이다. 로타리에 대한 지식이 없기 때문에 클럽을 떠나는 사람들도 있다.

회원들에게 지속적으로 로타리 정보를 제공하는데 다음과 같은 프로그램을 활용할 수 있다.

- 국제로타리와 클럽의 뉴스와 정보에 대해 자주 알린다.
- 지속적인 교육에 초점을 둔 클럽 프로그램을 연 4회 이상 실시한다.

- 교육에 초점을 둔 클럽 협의회를 연 2회 이상 실시한다.
- 위원회 회합을 통해 로타리 프로그램, 프로젝트, 활동 등에 대한 정보와 아이디어를 함께 나눈다.
- 다른 클럽의 정기모임에 참석한다.

4) 로타리클럽에 가입하면 얻게되는 20가지

(1) 회원들 간의 우정

세상이 나날이 복잡해져 가는 가운데 로타리는 인간의 가장 기본적인 욕구 중 하나인 "우정과 친교에의 열망"을 충족시켜 준다. 이는 1905년 로타리가 처음 만들어진 2대 이유 중 한 가지이다.

(2) 비즈니스 개발

로타리가 시작된 두 번째 이유는 비즈니스 개발이다. 우리는 누구나 네트워킹을 필요로 한다. 전세계 각계각층의 회원들로 이루어진 로타리는 모든 업계와 분야를 연결하는 방대한 직업적 네트워크이다. 로타리안들은 서로 돕는 것을 보람으로 여긴다.

(3) 자기 계발 및 성장

로타리를 통해 회원 개개인은 인간관계와 자기 계발을 통해 배움과 성장을 계속해 간다.

(4) 리더십 개발

로타리는 각자의 분야에서 성공을 이룬 리더들의 모임이다. 로타리 직책을 맡아 봉사하는 것은 리더들에게 동기를 부여하고, 영향을 미치며, 그들을 이끌어 나가는 방법을 배워가는 과정이 된다.

(5) 지역사회 주인의식 함양

로타리클럽 회원이 되는 것은 보다 나은 지역사회 주민이 되는 길이다. 평균적으로 로타리클럽 회원들은 각자의 지역사회에서 가장 활발한 활동을 보이는 이들이다.

(6) 평생 교육

로타리에서는 지역사회와 국가, 그리고 세계에서 무슨 일이 일어나고 있는지를 알아볼 수 있는 유익한 프로그램들이 매주 제공된다. 클럽 모임은 여러 연사들의 강의를 듣고, 지금 이슈화되고 있는 다양한 주제들에 대해 배울 수 있는 좋은 기회이다.

(7) 즐거움

로타리는 재미있다. 클럽 모임에는 항상 즐길 거리가 있고, 클럽 프로젝트와 친교, 봉사활동 등 로타리의 모든 것들이 재미를 선사한다.

(8) 연설 기술 연마

로타리 회원들 중에는 이전에 남들 앞에 나서서 말하기를 꺼려하던 이들도 많다. 로타리는 대중과의 커뮤니케이션을 위한 자신감과 역량을 기를 수 있게 해줌은 물론, 그에 필요한 기술을 연마하고 완성 할 실질적인 기회를 제공한다.

(9) 글로벌 시티즌으로 세계에 참여

모든 로타리안들은 "국제로타리"라는 이름이 새겨진 핀을 착용한다. 전 세계를 통틀어, 로타리클럽이 존재하지 않는 곳은 찾아보기 힘들다. 소속 클럽이 어디든, 회원들은 누구나 세계 각지에 위치한 3만 6000여 개 클럽들 중 어느 곳의 모임에도 자유로이 참석할 수 있다. 이는 고국뿐만 아니라 전세계 지역사회에서 언제라도 새로운 친구를 만날 수 있음을 의미한다.

(10) 여행 중 지원

어느 곳에서든 로타리클럽이 존재하므로 로타리안들은 의사나 변호사, 숙박시설, 방문지에 대한 조언 등 여행에 필요한 다양한 도움을 로타리를 통해 얻을 수 있다.

(11) 엔터테인먼트

각 클럽과 지구는 바쁜 직장 생활 중에 휴식이 되어줄 여러 활동과 이벤트들을 준비한다. 또한 로타리가 개최하는 국제대회, 지구대회, 협의회, 연수회 등은 로타리에 대한 지식과 함께 다양한 엔터테인먼트를 제공한다.

(12) 사회 기술 개발

매회 다채로운 행사와 모임을 통해 로타리는 사교성과 대인 기술을 개발하고 성품을 닦을 수 있는 기회를 제공한다. 로타리는 사람을 좋아하는 사람들이 모이는 곳이다.

(13) 가족을 위한 프로그램

로타리는 세계 최대 규모의 청소년 교환 프로그램과 미래 로타리안들을 양성하는 고등학교 및 대학교클럽 배우자들을 위한 참여 기회를 비롯, 가족 구성원들의 성장과 가족의 가치관 개발을 돕는 다양한 활동을 제공하고 있다.

(14) 직업 기술 신장

로타리안이라면 누구나 자신의 직업적 성장에 힘쓰고, 위원회에서 봉사하며, 청소년에게 커리어와 관련된 조언을 제공할 것이 요구된다. 의사든, 변호사든, 혹은 교사든, 로타리는 자신의 직종에서 더욱 더 발전해 나갈 수 있는 길을 제시한다.

(15) 윤리 함양

로타리안들은 직장생활에서나 개인의 삶에서나, 항상 "네 가지 표준"을 바탕으로 한 높은 윤리적 기준을 실천한다.

(16) 문화적 차이에 대한 이해

로타리는 전세계 각계각층의 종교, 문화, 인종, 민족, 피부색, 언어, 신조, 정치적 성향을 아우르는 다양성의 보고이다. 로타리안들은 자신의 문화를 보다 깊이 이해하고,

지구 곳곳의 사람들과 함께 일하며 정을 쌓아가는 방법을 배운다. 그리고 이를 통해 국가와 세계 속에서 더 나은 시민이 되어 간다.

(17) 명망 높은 단체

로타리 회원들은 비즈니스, 직업, 학술 및 전문분야, 예술, 스포츠, 종교, 정치, 군사 등 각각의 분야에서 선두적 위치에 서있는 리더들이다. 로타리는 세계에서 가장 오랜 역사를 자랑하는 명망 높은 봉사클럽으로 중요한 결정을 내리고 정책에 영향을 미치는 고위 임원과 매니저, 전문인들을 포함한다.

(18) 좋은 사람들

무엇보다도 로타리안들은 '좋은 사람들'이다. 로타리를 구성하는 개개인들은 그 누구보다 따뜻하고 친절한 사람들로 "중요한 사람이 되는 것도 좋지만 좋은 사람이 되는 것이 더 중요하다"는 신념으로 각자가 지닌 영향력을 올바르게 발휘하고자 노력한다.

(19) '공식적인 이념'의 부재

로타리는 회원들끼리만 통하는 암호도, 비공개 방침이나 공식적인 이념도, 비밀회의 또는 의식도 없는 열린 단체로, 단지 남을 돕고자 하는 마음만을 필요로 한다.

(20) 봉사의 기회

로타리는 자원봉사 클럽이다. '사업'은 인류이며 만들어 내는 '상품'은 봉사 그 자체이다. 국내외 지역사회를 위해 봉사하는 것, 이것이 바로 로타리안이 될 가장 중요한 이유이다. 남을 위해 무언가를 할 수 있는 기회, 그를 통해 느끼는 즐거움과 보람, 그리고 이러한 충족감이 자신의 삶을 풍요롭게 해준다는 발견 – 이것이 로타리를 통해 얻는 최고의 선물이다.

6. 로타리 프로그램(인재 양성하기)

로타리클럽은 봉사파트너로 로타랙트, 인터랙트, 리틀랙트, 지역사회봉사단, 로타리가족을 포함한 모든 로타리에서 후원하는 단체들을 도와 프로젝트를 계발하고 시행한다. 특히 미래를 이끌어갈 청소년들을 그 지역사회에 알맞은 프로그램에 참여시킴으로써 봉사정신을 증진시키고 보다 밝은 미래를 열어주며 클럽활동 차원을 넘는 초아의 봉사정신을 함양시켜 미래의 인재를 양성한다.

로타리가 후원하는 봉사파트너의 종류
▶로타랙트(18~30세)
▶인터랙트(14~18세의 중고생)
▶리틀랙트(8~14세)
▶지역사회봉사단(성인남녀)

1) 로타랙트(Rotaract Club) **Rotaract**

로타랙트(rotaract-rotary action의 합성어) 클럽은 젊은 지도자들의 아이디어 교환, 지역사회 봉사, 친목도모 등으로 연결시키는 18-30세의 대학생이나 젊은 성인들을 위한 클럽이다. 로타랙트는 로타리클럽에도 동시에 가입해 로타랙트를 졸업할 때까지 이중 멤버십에서 오는 혜택을 누릴 수 있다.

2) 인터랙트(Interact Club) **Interact**

인터랙트 클럽은 14~18세의 청소년들을 위한 봉사 클럽으로, '인터랙터'라 불리는 클럽 회원들은 함께 재미를 만끽하고 지역사회 개선을 위해 노력하는 과정에서 사회봉사와 세계이해 증진에 대해 배운다. 각 클럽은 해마다 두 차례의 봉사를 실시하는데, 첫째는 지역사회에 기여하는 프로젝트, 둘째는 국가간 이해 증진에 기여하는 프로젝트이다.

3) 리틀랙트 (Littlact Club)

리틀랙트 클럽은 초등학교 아동 8~14세의 어린이들을 위한 로타리 후원클럽으로 예절 바르고 질서를 잘 지킬 수 있도록 교육하는 등 민주시민으로서의 봉사 정신과 협동심을 키우는데 그 목적이 있다.

리틀랙트(littleact)란 little actor라는 뜻이며, 국제로타리가 스폰서 하는 기존의 로타랙트, 인터랙트 클럽을 더욱 세분화하여 초등학교(8~14세)의 어린이들로 구성되는 한국 로타리에서 만들어진 어린이봉사 프로그램이다.

4) 지역사회봉사단(RCC, Rotary Community Corps)

로타리 지역사회 봉사단(RCC)은 로타리클럽이 스폰서하는 비로타리안 단체로서, 봉사프로젝트를 통해 소속 지역사회를 개선하고자 하는 주민들로 구성된다.

로타리안들은 봉사단에 전문기술과 조언, 구조적인 틀, 어느 정도의 물질적인 지원을 제공하며, 봉사단원들은 지식과 노동력을 기여해 현지 활동을 펼쳐 나간다. 지역사회 기반 봉사 프로그램은 수혜 지역 내 마을, 촌락 등의 삶의 질 개선을 목적으로 1986년 신설되었다.

5) 라일라 (RYLA)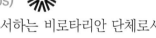

매년 수천 명의 엄선된 젊은이들이 로타리의 스폰서로 개최되는 리더십 캠프나 연수회에 참가한다. 이 프로그램의 공식 명칭은 '로타리 청소년 리더십 어워즈(Rotary Youth Leadership Awards)'이며, 한국에서는 '라일라((RYLA)'라는 약어로 더 널리 알려져 있다. 라일라 행사는 보통 수일간 진행되며, 14-30세의 다양한 연령층을 대상으로 한다. 프로그램은 리더십 훈련, 주제별 토의, 영감을 주는 강연, 친목 활동 등 자기계발과 리더십 기술, 시민정신의 함양을 촉진하는 내용으로 구성된다.

6) 장학금

로타리재단과 클럽들은 학부 및 대학원 과정을 위한 장학금을 통해 미래를 책임질 인재들에게 투자한다.

장학금 종류

(1) 로타리클럽은 중고교생, 대학생, 대학원생들에게 장학금을 수여한다.

이러한 장학금은 개별 클럽이 제공하는 것으로, 로타리 회원과 그 가족을 제외한 누구나 신청이 가능하다. 가까운 로타리클럽에 연락해 신청 절차와 자격요건에 대해 알아볼 수 있다.

(2) 로타리재단은 평화 및 분쟁 해결 분야와 전공하려는 대학원생과 전문인들에게 장학금을 수여한다. 평화 펠로우십은 세계 6대 파트너 대학에서 제공되는 석사과정 프로그램 또는 전문 자격증 프로그램에 참여하려는 인재들을 대상으로 한다.

로타리클럽은 로타리재단으로부터 지구 보조금이나 글로벌 보조금을 지원받아 장학금을 수여할 수 있다.

글로벌 보조금으로 지원되는 장학금은 해외에서 로타리의 7대 초점분야를 전공하려는 대학원생에 한하여 지급된다. 장학금은 1~4년까지 지급되며 학위 프로그램 전 기간을 포함할 수 있다. 글로벌 보조금을 사용할 경우 장학금은 현금기부와 지구지정기금 그리고 이에 대한 세계기금으로부터의 상응으로 조성된다.

지구 보조금으로 지원되는 장학금은 중고교생이나 대학생, 대학원생 등 원하는 대상에게 수여할 수 있다. 교육기관의 소재지에 대한 제약도 없으며, 반드시 초점분야를 전공할 필요도 없다. 기간 역시 6주간의 어학연수에서 1년 이상의 학위과정에 이르기까지 자율적으로 정할 수 있다.

7) 청소년 교환

로타리 청소년교환은 청소년들이 다른 국가에서의 삶과 문화를 체험하는 과정에서 국경을 초월한 우정을 쌓고 세계이해 증진에 이바지할 수 있는 기회이다. 교환 프로그램에는 단기교환과 장기교환 두 종류가 있다. 단기 교환은 수일 내지 수개월에 걸친 교환으로, 보통 방학 동안에 실시된다. 대부분 호스트 가정에 체류하는 형식을 떠나 청소년 캠프에 참가하거나 해외에서 모인 다른 학생들과 방문 국가를 여행하는 경우도 있다. 장기 교환은 1년에 걸쳐 이루어지며, 학생들은 호스트 가정에 머물며 현지

학교에 재학한다. 청소년 교환은 지구마다 서로 다른 방식으로 진행되므로 구체적인
사항은 가까운 지구의 청소년교환 위원장에게 문의하여야 한다.

8) 평화센터 후원

로타리 평화 펠로우십은 전 세계 6개의 로타리 평화 센터 중 한 곳에서 국제관계,
평화 증진, 분쟁 해결 혹은 이와 관련된 분야의 석사 학위 과정이나 또는 평화 및 분쟁
연구에 대한 전문가 자격증 취득 과정에 등록한 개인들을 지원하는 프로그램이다.

교통비(항공비), 학비, 인턴 비용, 숙식비 및 기타 경비 등의 명목으로 해당 로타리
센터에서 학업을 진행하는데 필요한 경비를 지급한다. 로타리 평화 펠로우십은 각 지
구의 지구지정기금과 로타리안들의 기한한정 기부금, 로타리 인다우먼트, 그리고 재
단 세계기금에서의 배당 등으로 조성된 공동 기금에서 지급된다.

각 지구는 7월 1일까지 신청서를 그 수에 관계없이 제출할 수 있으며, 제출된 신청
서는 세계 경쟁 심사를 거친다. 지구가 지원자의 신청서를 검토하고 인터뷰한 후 후
보자 승인 양식을 로타리재단에 제출하기까지 소요되는 시간을 감안해, 지원자는 5
월 31일까지 신청서를 지구에 제출해야 한다. 매 해 경쟁 심사를 통해 석사 학위 프로
그램에 입학할 펠로우와 전문가 자격증 프로그램에 참가할 펠로우를 각각 50명까지
선발한다. 재단 이사회에서 최종 선발한 후보자에게는 11월 15일까지 확인서가 우송
된다.

9) 로타리 동호회

로타리안들의 취미와 관심사는 전 세계 회원들의 수 만큼이나 다양하다. 로타리에
는 세계 각국의 회원들이 서로 연결해 특정 분야나 주제를 중심으로 활동할 기회를
제공하는 2가지의 국제 그룹이 존재한다. 로타리 동호회는 공통된 취미나 직업을 가
진 로타리안들의 친목 단체이며 테니스, 음악, 카누 등의 취미와 의료, 치안, 사진 등
의 직업 분야를 망라하는 수십 개의 동호회가 존재하며, 저마다 독특한 방식으로 활
동해 나간다. (rotary.org/fellowships를 검색)

10) 로타리 액션 그룹

로타리안 액션 그룹(RAG)은 구체적인 인도주의 분야에 대한 봉사를 펼치는 전문화된 그룹이다. 해당 전문분야 내에서 로타리클럽과 지구들이 대규모 봉사 프로젝트를 보다 효과적으로 설계, 실시할 수 있도록 지원한다. 예를 들어 '수자원 및 위생 로타리안 액션 그룹'은 클럽 및 지구가 스폰서하는 수자원 및 위생프로젝트가 실질적인 임팩트를 창출하는 데 필요한 전문 컨설팅을 제공한다.

'가족 건강 및 에이즈 예방 로타리안 액션 그룹'은 로타리안들을 동원해 낙후된 지역사회 주민 수만 명이 저렴하면서도 포괄적인 의료서비스와 검진을 받을 수 있도록 돕는다. (자세한 내용은 rotary.org/actiongroups를 검색)

7. 로타리클럽 회장의 역할

회장의 역할 (* 책임사항)

- 로타리 회의진행 :
  클럽모임과 이사회 회의를 계획하고 주재한다.(단, 회장 부재시 부회장이 주재) *
  ※정족수 표결을 위해 참석해야 하는 클럽 회원수는 클럽 회원의 3분의 1이며, 이사회
    결의인 경우 이사회 이사의 과반수

- 위원회별 목표를 설정한다.
- 클럽과 지구 위원회 간의 커뮤니케이션을 장려한다.
- 위원회 활동, 목표, 경비지출 등을 검토하고 의사결정에 참여한다. *
- 클럽 예산 편성을 감독하고 연차 재무 보고를 비롯한 올바른 회계 관행의 정립을
  총괄 지도한다. *
- 회원 및 클럽 데이터가 정기적으로 업데이트 될 수 있도록, 클럽 총무와 재무가
  Rotary.org에 계정을 보유하고 있는지 확인한다.
- 클럽과 지구 사안에 대해 지구총재 및 지역대표와 협력한다. *

- 지구총재와 사무국으로부터 온 중요한 정보를 클럽 회원들에게 전달한다. *
- 지구총재의 공식 방문에 대비한다.
- 로타리의 청소년 보호 정책과 청소년 보호를 위한 선언문을 준수하고 청소년 교환 프로그램을 위한 의무사항을 수행한다.

- 흥미와 관련성을 갖춘 클럽 정기모임을 구상, 주재하고 재미있는 친목 행사를 기획한다. *
- 필요에 따라 클럽 회원들을 대상으로 포괄적인 연수를 실시하도록 한다. *
- 로타리클럽 센트럴에 명시된 목표를 달성하는데 클럽 회원들을 참여시킨다.
- 로타리클럽 센트럴에서 클럽 목표 달성 상황을 수시로 확인한다.
- 회원들에게 지구 행사 참석을 독려하고 로타리 국제대회를 홍보하고 독려한다.
- 지구대회에 참석한다. *
- 이임 전에 클럽 현황에 대한 연차 보고서를 클럽에 제출한다. *
- 원활한 인수인계를 위해 후임자와 협력한다. *
- 이임 이사회와 차기 이사회의 합동 회의를 개최한다. *

클럽 회장 성공의 이상상

성공적인 년도를 창출하는 훌륭한 회장이 되는 길은 P.L.P 를 달성하는 것이다.
- P. 목표를 설정한 후 철저한 계획을 수립(Plan)
- L. 지도력을 발휘하여 적극적으로 추진(Leadership)
- P. 많은 회원 동참(Participate)

어떤 목표와 계획을 세울 것인가

- 정기모임 출석률을 향상시킨다.
- 회원증강으로 클럽회원을 늘리고 휴면회원을 활성화 시킨다.
- 분과위원회를 활성화하여 균형있는 봉사를 한다.
- 로타리 재단과 한국장학문화재단에 기여를 향상시킨다.

- 청소년 파트너클럽의 창립 및 육성시킨다.
- 지역사회의 필요에 부응하는 사회봉사를 개발한다.
- 외국자매 클럽의 활성화로 친선을 도모하며, 공동사업을 개발한다.
- 주보를 정기적으로 발행하며 수준을 높인다.

8. 로타리 캘린더(월별 특별 강조 기간)

RI 이사회는 봉사를 장려, 집중하고자 다음과 같은 특별 강조 기간을 지정했다

로타리 캘린더 변경

로타리 초점분야에 맞춰 변경되었으며, 2019년 7월부터 시행된다.

7 월 :

8 월 : 멤버십 및 신생클럽 육성의 달

9 월 : 기본 교육과 문해력의 달

10월 : 지역사회 경제 개발의 달

11월 : 로타리재단의 달

12월 : 질병 예방 및 치료의 달

1 월 : 직업봉사의 달

2 월 : 평화 구축 및 분쟁 예방의 달

3 월 : 수자원, 위생 및 청결의 달

4 월 : 모자 보건의 달

5 월 : 청소년 봉사의 달

6 월 : 로타리 동호회의 달

로타리
봄 여름
가을 겨울

Chapter 6
로타리의 지구

Chapter 6. 로타리의 지구

1. 지구의 역할

국제로타리 이사회에서 클럽의 관리 목적으로 일정한 지역 내에 있는 로타리클럽들로 구성한 관리 단위이며, 지구의 목적은 클럽을 강화하고 지원하기 위한 것이다.

지구의 규모는 회원 수가 많은 대규모 지구가 클럽이나 회원 수가 소규모인 지구보다 효과적으로 기능하므로, RI 이사회는 모든 지구에 최소 클럽 수 75개와 최소 회원 수 2,700명을 보유할 것을 장려한다.

2020년 10월 30일 기준 세계에는 523개 지구가 있고 한국에는 19개 지구(존 11에 9개 지구, 존12에 10개 지구)가 활동하고 있다.

■ 지구에 소속되지 않는 로타리클럽

모든 클럽은 지구에 소속되어야 한다. 예외적으로 RI 이사회에서 지구에 소속되지 않은 클럽의 가입을 승인하거나, 향후 적절한 시기에 타지구에 영입할 의도로 로타리클럽을 지구에서 일시적으로 제거할 수 있다. 이러한 클럽들은 RI에서 직접 관리한다.

□ 지구 창설 및 조정

RI 이사회는 매년 최초 회의 시 로타리의 존과 해당 연도에 존 구역에 조정이 필요한 경우 이를 확정한다.

RI 이사회는 지구 분리, 지구 내 클럽 재배치 또는 지구 합병의 형식으로 지구를 조정함으로써 지구 경계를 재설정한다.

RI세칙에 명시된 대로, 이사회는 100개를 초과하는 클럽이나 1,100명 미만의 로타리안을 보유한 지구의 경계를 폐지하거나 변경할 수 있지만, 지구 소속 클럽 등의 과반수가 반대할 경우, 이러한 조정이 진행되지 않는다.

■ 신생 지구 조건

최소한 60개 클럽, 혹은 2,100명의 회원을 보유하여야 하며, 향후 10년 동안 75개 클럽에 2,700명의 회원으로 성장할 수 있는 가능성을 보이는 경우, 신청할 수 있다.

□ 지구 경계를 폐지 또는 변경하기로 한 이사회의 결정은 적어도 2년 동안은 효력이 발생되지 않는다.

□ 지구 조성 신청시에는 지리적 경계, 지구 발전 가능성과 문화, 경제, 언어 및 기타 관련 요인들을 고려할 수 있다.

2. 지구 지도부

1) 지구 총재 (DG, District Governor)

총재는 지구의 RI임원으로 이사회의 전반적인 지휘 및 감독하에 임무를 수행한다. 총재는 지구 내 클럽들에게 영감과 동기를 부여해야 한다. 총재는 전, 현, 그리고 차기 지구리더들과 협력해 지구 업무의 연속성을 보장해야 한다.

임기는 7월 1일부터 시작하여 1년 동안 또는 후임자가 선출돼 자격이 확정될 때까지 계속된다.

■ 총재의 자격 요건

총재는 취임 시 국제협의회의 전체 일정에 참석했고, 로타리안으로서 최소 7년 이상 활동했으며, 총재피지명자의 자격요건을 계속 보유하고 있어야 한다.

■ 총재의 임무

(1) 신생 클럽의 결성

(2) 기존 클럽의 강화

(3) 멤버십 성장 촉진

(4) 지구 및 클럽 리더들과 협력해 이사회가 개발한 지구 리더십 플랜에 대한 참여를 장려

(5) 지구 소속 클럽들을 지도하고 감독함으로써 로타리의 목적을 증진

(6) 로타리재단 지원

(7) 클럽 간, 로타랙트클럽 간, 그리고 클럽, 로타랙트클럽과 RI 간의 원활한 관계를 증진

(8) 지구대회를 계획 및 주재하고, 차기 총재의 PETS 및 지구연수협의회 계획 및 준비를 지원

(9) 개별 또는 복수 클럽들을 공식 방문해 다음 분야에서 총재 참석의 효과를 극대화
  - 중요한 로타리 문제에 관심 집중
  - 어려움을 겪고 있는 취약 클럽들에게 각별한 관심 제공
  - 로타리안들이 봉사 활동에 참여하도록 동기 부여
  - 특히 규정심의회 후 각 클럽의 정관 및 세칙이 정관문서에 부합하도록 지도
  - 지구 내 로타리안들의 탁월한 기여를 직접 표창

(10) 각 클럽에 월간 뉴스레터 발송

(11) 회장이나 이사회가 요구하는 사항에 대해 RI에 신속히 보고

(12) 클럽 강화에 필요한 권고사항과 함께 클럽 상태에 관한 상세한 정보를 국제협의회 이전까지 차기총재에게 제공

(14) 지구의 임원 지명 및 선출은 정관문서와 RI의 기존 정책에 따라 시행되도록 보장

(15) 지구 내 로타리 단체들의 활동에 대한 정기적인 점검

(16) 각종 지구 문서를 차기 총재에게 인계

(17) 그밖에 RI 임원으로서의 고유 임무 수행

■ 총재 해임

총재로서의 임무와 책임을 수행하지 않는다고 RI회장이 판단하는 경우, 해당 총재를 정당한 사유로 해임할 수 있다.

■ 총재 피지명자의 선출

지구는 총재 취임 이전 24개월부터 36개월까지의 기간 내에 총재 피지명자를 선출해야 한다.

피지명자는 선출 즉시 차차기 총재 내정자가 되며, 총재로 취임하기 2년 전 7월 1일부로 차차기 총재(Governor Nominee)가 된다. 피지명자는 국제로타리 세칙 6.010.항의 규정에 따라 선거가 필요한 경우, 국제협의회에 참석하는 해의 전년도에 개최되는 RI 국제대회에서 차기 총재(Governor Elect)로 선출되며 차기 총재로서 1년의 임기를 마친 후 다음 해의 7월 1일부로 총재(Governor)직에 취임한다.

■ 총재 선출 절차

RIBI 지구를 제외한 모든 지구는 지구대회에서 출석해 투표하는 선거인의 과반수 투표에 의한 결의에 따라 향후 차차기 총재 내정자 선출에 관한 다음 3가지 절차 중 1가지를 채택해야 한다.

(1) 지명위원회를 통한 선출

(2) 클럽 투표를 통한 선출

(3) 지구대회에서 선출

■ 총재 피지명자의 자격 요건

(1) 지구 내 정상적으로 운영되는 로타리클럽에 채무가 없는 회원이어야 한다.

(2) 클럽 회장으로 전체 임기를 마친 사람이거나, 클럽 초대 회장으로서의 임기를 최소 6개월 이상 마친 사람이어야 한다.

(3) 총재의 임무와 책임을 수행할 수 있는 의지와 책임감 및 능력을 보유해야 한다.

(4) 총재의 자격, 임무 및 책임을 숙지하고 있음을 입증해야 한다.

(5) 총재의 자격, 임무 및 책임을 이해하고, 총재직을 맡을 자격이 있으며, 총재의 임무와 책임을 맡아 성실히 수행할 의지가 있다는 진술서를 RI에 제출해야 한다.

2) 지구 전총재단(PDG, Past District Governor)

각 지구는 총재를 역임한 전총재들로 구성된 총재자문단을 둔다. 현 총재들은 차기 총재가 국제협의회에서 논의되고 발표된 이슈들에 대해 협의회가 끝난 후 한달 이내로 전총재들에게 알릴 수 있도록 협력해야 한다.

3) 지구 트레이너 (District Trainer)

지구 트레이너는 로타리안들을 대상으로 지속적인 교육을 실시하여 지구총재를 지원하고, 차기 클럽 및 지구 리더를 대상으로 연수를 실시하여 차기총재를 지원한다. 또한, 지구 연수 위원회의 위원장 역할을 수행한다.

4) 부총재

부총재의 선임은 더 이상 의무 규정이 아니다. 부총재는 총재로서의 직무를 수행하지 못하게 되었을 경우 총재를 대신하는 것이다. 지구에 지명위원회가 있는 경우, 지명위원회는 차기총재가 추천하는 전총재를 부총재로 선출한다. 지명위원회에 부총재 추천이 없거나, 지구에 지명위원회가 없는 경우, 차기총재는 전총재 1명을 부총재로 선임할 수 있다. 부총재의 임기는 선임된 연도의 차기 연도이다.

5) 지구 사무총장 및 지구 재무 (General Secretary, Treasury)

총재의 사무 보조자로써 총재의 업무를 경감하기 위하여 임명되는 직책이다.

지구 사무총장은 지구총재의 보조자이며, 지구회합의 준비를 담당하며, 지구재무는 지구 자금의 출납을 담당한다.

6) 총재지역대표(Assistant Governor)

지구 총재는 반드시 지구 차원의 업무를 담당하는 총재지역대표를 임명해야 한다. 이들은 각자 지역의 할당된 클럽들을 관리함으로써 총재를 지원한다.

■ 최소 3년 이상 지구 내 클럽에서 활동하며 모든 의무를 이행한 회원으로 클럽 회장 임기를 만료한 회원, 혹은 신생클럽인 경우 창립일로부터 6월 30일까지 6개월 이상 회장직을 수행한 회원, 총재지역대표 임무를 감당 할 수 있는 능력과 의지를 보유한 회원, 지구 차원에서 뛰어난 활동을 한 회원, 미래의 지구 지도자로서 잠재력을 가진 회원

■ 총재지역대표는 매년 임명된다. 1년의 임기로 3회 연임할 수 있다. 총재지역대표는 최종 1년 간의 임기가 끝난 2년 후 1년 임기로 3회 더 일할 수 있다.

7) 총재특별대표(신생클럽 어드바이저, New Club Advisor)

지구에서 신생클럽 조직시 지구총재를 대표하는 로타리안이다.

성공적인 신생 클럽을 결성하는 것은 지구 총재의 임무로, 이를 위해 인접 클럽이나 가급적이면 스폰서클럽에서 지역실정을 잘 알고 있는 로타리안을 신생클럽 결성을 위한 총재특별대표(신생클럽 어드바이저)로 임명하여야 한다.

총재특별대표(신생클럽 어드바이저)는 로타리 이상에 충만한 사람으로 그러한 로타리의 이상을 설명하고 로타리에 대한 열정을 전달할 수 있어야 한다.

또한 로타리클럽의 조직과 기능에 대하여 철저한 실무 지식을 갖고 있어야 하며, 필요한 시간을 할애할 수 있어야 한다.

8) 지구위원회(District Committees)

지구 위원회는 총재지역대표들의 조언을 받아 총재가 설정한 지구 목표를 수행해 나가는 책임을 진다. 지구는 현재 진행 중인 관리 기능을 담당하기 위해 연수, 회원증강, 재정, 청소년교환, 로타랙트 등 지구 프로그램과 홍보, 지구대회, 로타리재단, 국제대회 참가 촉진 등에 필요한 위원회를 구성할 수 있다.

9) 지구 로타리재단위원회(District Rotary Foundation Committee)

지구 로타리재단위원회는 위원장과 폴리오플러스, 보조금, 모금, 스튜어드십 분야의 총 4명의 소위원회 위원장으로 구성되며 지구는 소위원회를 추가 개설 할 수 있다. 지구 로타리재단 위원회 위원장의 임기는 특별한 사유가 없는 한 3년으로 하여 지도부의 연속성을 유지하도록 하는 것이 효과적이다.

■ 지구 리더십 플랜 (DLP ; District Leadership Plan)

보다 신속하고 적극적으로 클럽을 지원해서, 잘 훈련된 지구 지도자들과 우수한 지구총재 후보자들을 확보하고, 재단 및 지구 활동에 적극적으로 참가하게 하고 여러 클럽들을 효과적으로 관리하며 보다 원활한 커뮤니케이션을 제공하는 등 지구 및 클럽 차원에서 로타리를 강화하기 위해 마련된 지구 조직안이다.

지구 리더십 플랜에는 다음 항목이 반드시 포함되어야 한다.

(1) '총재지역대표', '지구트레이너', '지구 위원회' 등 공통 용어 사용

(2) 총재지역대표, 지구트레이너, 지구 위원회 위원, 클럽 지도부의 책임과 의무에 대한 규정

(3) 지구내에서 리더십의 연속성을 보장해 주는 지구위원회

(4) 지구총재가 위임 할 수 없는 임무의 책임에 대한 명확한 설명

(5) 클럽들이 지구 리더십 플랜에 상응하는 클럽 리더십 플랜을 이행하도록 지원하기 위한 명확한 계획

2. 지구의 운영

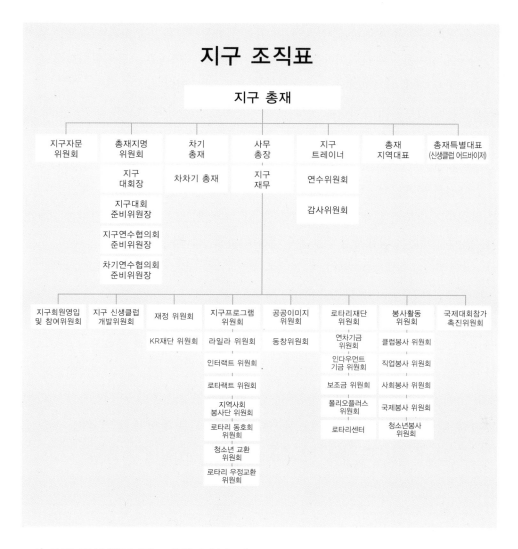

지구 조직표

지구 총재

지구자문 위원회	총재지명 위원회	차기 총재	사무 총장	지구 트레이너	총재 지역대표	총재특별대표 (신생클럽 어드바이저)
	지구 대회장	차차기 총재	지구 재무	연수위원회		
	지구대회 준비위원장			감사위원회		
	지구연수협의회 준비위원장					
	차기연수협의회 준비위원장					

지구회원영입 및 참여위원회	지구 신생클럽 개발위원회	재정 위원회	지구프로그램 위원회	공공이미지 위원회	로타리재단 위원회	봉사활동 위원회	국제대회참가 촉진위원회
		KR재단 위원회	라일라 위원회	동창위원회	연차기금 위원회	클럽봉사 위원회	
			인터랙트 위원회		인다우먼트 기금 위원회	직업봉사 위원회	
			로타랙트 위원회		보조금 위원회	사회봉사 위원회	
			지역사회 봉사단 위원회		폴리오플러스 위원회	국제봉사 위원회	
			로타리 동호회 위원회		로타리센터	청소년봉사 위원회	
			청소년 교환 위원회				
			로타리 우정교환 위원회				

1) 총재 공식 방문 (The Official Visit)

총재의 공식방문은 다음과 같은 목적으로 총재가 개인이나 그룹의 형태로 각 클럽을 직접 방문하는 것이다. 국제로타리와 지구의 봉사지침을 전달하고 각 클럽의 운영계획과 목표를 점검하여 클럽 발전의 동기를 부여하는 것이다.

- 회장, 총무와의 간담회로 총재는 클럽 운영 실태와 계획 등을 청취하고 약체 클럽이나 고전 중인 클럽들에게 각별한 관심 표명 등 클럽 중요 문제점을 지도한다.
- 클럽협의회를 통해 이사 및 각 위원회 위원장의 봉사활동이 보고되며 총재는 봉사활동에 참여하도록 로타리안들에게 동기부여한다. 지역대표는 클럽협의회를 총재 공식방문 전에 실시하여 총재에게 사전에 보고 해도 된다.
- 총재는 정기모임에 출석하여 RI회장의 행동목표을 전하며 지구가 클럽을 보다 잘 지원할 수 있는 방안과 지구 내 로타리안들의 탁월한 기여 활동을 표창한다.

각 클럽은 총재공식방문 2주 전부터 준비를 해야하며 「총재공식방문 체크리스트」를 작성하여 총재와 총재 지역대표에게 전하고, 클럽의 모든 회원들이 참여하도록 정기모임에서 계획을 발표하고 주보에 안내하며 출석을 독려한다.

2) 총재월신 (Governor's Monthly Letter)

총재는 해당 지구에 소속된 각 클럽을 대상으로 매월 최소 1회 월신을 발송해야 한다. 월신은 지구와 RI 관련 새소식과 공지사항을 클럽 지도부에게 전달하는 의사소통의 도구로서 중요한 역할을 담당하며, 전자 뉴스레터나, 동영상, 지구 웹사이트에 링크된 이메일 등 다양한 형태로 제공된다. 지역대표, 전 지구총재, 인터랙트와 로타랙트 클럽, 클럽 및 지구 지원부서에도 총재월신이 제공되는 것이 바람직하다.

- 로타리 전략 계획 등 중요한 로타리 주제에 대한 공지사항
- 지구 목표의 게시
- 지구 행사별 기한 공지
- RI, 로타리재단, 지구 프로그램에 대한 정보 제공
- 신규 가입 클럽, 클럽 내 신규 회원 명단 등 구체적인 클럽 활동 부각
- 클럽의 활성화 : 클럽 리더십 계획에 소개된 모범 사례 권고
- 최신 뉴스와 정보가 수록된 www.rotary.org 의 적극적인 활용 권유
- 위원회, 로타리안 개개인의 봉사와 재정적 기부를 표창하고, 클럽과 지구 프로그램을 소개

3) 지구의 회합 (Meetings of District)

- 지구팀 연수회
- 차기회장 연수회
- 지구 연수 협의회
- 지구 보조금 관리 세미나
- 지구 대회
- 지구 회원증강 세미나
- 지구 재단 세미나
- 지역구 연합 연수회 혹은 지식 연수회
- 인터랙트, 로타랙트 지구대회

■ 지구 대회 (District Conference)

로타리 연도 중에 한 번 개최하는 가장 중요한 회합으로 지구에 소속된 로타리안 전원을 한자리에 모아 회원간의 친목을 도모하고 감동적인 강연으로 영감을 고취시키고 클럽과 RI의 당면 현안에 대한 토의를 통하여 로타리 프로그램을 강화해 나가는데 목적이 있다.

- 지구 대회는 매년 총재와 클럽 회장들이 과반수 합의한 일시 및 장소에서 개최되어야 한다. 지구대회 일정은 지구연수협의회, 국제협의회 및 국제대회 일정과 겹치지 않아야 한다.
- 지구는 소속클럽들에게 개최 21일 전에 통지를 한 경우 총재가 정한 일시 및 장소에서 지구 입법회를 개최할 수 있다.
- 지구대회 및 지구 입법회에서는 지구의 중요한 사안에 대한 권고사항들을 채택할 수 있다. 단 그러한 조치는 RI 정관 및 세칙, 그리고 로타리 정신과 원칙에 부합해야 한다.
- 지구대회에서 차차기 총재가 지명되고, 입법기관은 아니지만 규정·심의회에서 심의 할 사항을 결의할 수도 있고, 규정 심의회에 참석할 대의원을 선출한다.
- 총재 또는 지구대회 위원장은 지구대회 폐회 후 30일 이내에 지구대회 의사록 보고서를 작성하고 이를 사무총장과 지구 소속 각 클럽의 총무에게도 1부씩 발송해야 한다.

□ 총재의 임무와 역할

- 지구대회의 계획, 조직 및 진행의 총 책임을 맡는다.
- 이사회에서 권고한 지침 내에서 포괄적이고 균형 잡힌 프로그램을 구성한다.
- RI회장대리 및 배우자에게 RI회장에 준하는 적절한 환대와 예우가 제공될 수 있게 한다.
- 지구 소속 클럽들을 지구대회의 프로그램과 활동에 동참시켜 최대의 참여를 이끌어낸다.
- 지구대회 전 후 및 대회 기간동안 언론 홍보 등 잘 기획된 공공이미지 활동을 실시하여 지역사회의 참여를 증진한다.
- 지역사회 대표인사들을 초청하여 프로그램에 참여시킨다.
- 신생클럽의 회원 전원이 지구대회에 참석하도록 각별한 노력을 기울인다.
- 회장대리의 에이드를 임명한다.

□ 회장 대리 (President's Representative)

회장 대리는 각 지구대회에 RI회장을 대신하여 영감과 동기를 부여하고 교육적인 내용으로 연설하는 역할을 담당한다.

- RI 회장 대리는 두차례 기조 연설 중 1회는 참석자 수가 가장 많은 세션에서 20~25분간 연설
- 지구대회 폐회 직전에 호스트 지구에 감사를 표하는 연설
- 가능한 경우 지구대회 전 후로 로타리클럽 및 로타리 봉사 프로젝트 현장을 방문
- 예정된 모든 지구대회 회합에 참석
- 지구의 논쟁에 개입하지 않음
- 회장대리와 그 배우자는 임무를 수행함에 있어 RI 회장직에 걸맞는 품격과 예의를 갖추어야 한다.
- 회장대리 및 배우자의 지구대회 참석시 여행 경비는 국제로타리에서 지급한다. 지구대회 기간 중 회장대리 및 배우자의 숙박과 지구대회 경비는 지구에서 부담한다.

4) 지구 재정

■ 지구 회비의 승인

지구 기금을 조성하기 위해 지구 내 회원들에게 1인당 회비가 부과된다. 지구 회비는 다음 중 한가지 방법에 의해 정해진다.

   (1) 지구대회에서 출석해 투표하는 선거인 과반수의 찬성 투표로 결정
   (2) 지구연수협의회 또는 PETS에서 표준 클럽 정관 제 11조 5(다)항에 의거해 지명된 대리인을 포함해 차기 클럽 회장들의 4분의 3의 승인으로 결정

■ 1인당 지구 회비

지구의 모든 클럽들은 의무적으로 회원 1인당 지구회비를 납부해야 한다. 총재는 이사회에 6개월 이상 납부하지 않은 클럽들의 미납 사실을 증명해 제출해야 한다. 이사회는 체납된 지구회비가 납부 될 때까지 미납 클럽에 대한 RI의 서비스를 중단한다.

■ 지구 재정의 연차 보고서

지구총재는 임기 종료 후 1년 이내 독립적으로 감사를 받은 지구 재정에 관한 연차 보고서를 지구 내 클럽에 제공해 승인을 받아야 한다.

5) 지구 기록

임기를 마친 지구총재는 모든 관련 기록, 서류 및 재정 정보를 포함한 일체의 정보를 로타리 연도 종료일로부터 30일 이내에 후임 지구총재에게 전달해야 한다.

4. 로타리 연수회

로타리클럽 및 지구지도부는 매년 교체되므로, 연수는 로타리의 연속성과 성공을 보장하는데 결정적인 역할을 한다. 지구를 이끌어갈 핵심 인재들이 임기 연도에 효과적으로 대비할 수 있도록, 로타리는 지구 및 클럽 리더들을 대상으로 1년 주기의 리더십 연수 일정을 시행하고 있다.

(1) 직책별 연수회(컨비너 : 차기 총재)

연수회 및 개최시기	목적/참가자	주관	참고자료
지구팀 연수회 2월	총재지역대표와 지구 위원회 리더들이 새로운 역할과 업무에 대해 배우고 지구 지도부와 함께 지구 목표를 설정한다.	지구 연수 위원회	지구 팀 연수회 리더스가이드 총재지역대표 위원회
차기회장연수회 (PETS) 2월 또는 3월	클럽 차기 회장이 새로운 역할에 대해 배우고, 총재지역대표와 협력하여 클럽 목표를 설정한다.	지구 연수 위원회	차기회장 연수회 리더스 가이드 회장
지구연수협의회 3월,4월, 또는 5월 (PETS 이후)	클럽 차기 회장들은 리더십 기술을 배우고, 클럽의 차기 임원들은 새로운 역할에 대해 배운다. 클럽 지도부가 함께 클럽 목표를 설정한다.	지구 연수 위원회	지구연수협의회 리더스가이드 회장 총무 재무 위원회

(2) 주제별 연수회(컨비너 : 총재)

연수회 및 개최시기	목적/참가자	주관	참고자료
지구 로타리재단 세미나 지구가 결정	클럽 로타리 재단위원회 위원장과 관심있는 로타리안들이 로타리 재단에 대해 배운다.	지구 로타리재단 위원회, 지구연수 위원회	<u>지구 로타리재단 세미나 리더스 가이드</u> <u>클럽 로타리 재단위원회 위원장</u>
지구 회원증강 세미나 지구가 결정	클럽회장, 클럽 회원위원회 위원장, 관심있는 로타리안, 지구 리더들이 로타리 회장증강을 위한 지식과 전략을 세운다.	지구 회원증강 위원회	<u>지구 회원증강 세미나 리더스 가이드</u> <u>클럽 회원위원회 위원장</u>
지구 공공이미지 세미나 지구가 결정	클럽 임원과 지구 리더들이 로타리 공공이미지 제고 방법에 대해 배운다.	지구 연수 위원회	지구 공공이미지 리더스 가이드 (참가자용 교재는 클럽 또는 지구가 개발)
보조금 관리 세미나 지구가 결정	클럽 차기회장이 (또는 클럽 대표가) 로타리 보조금 관리 방법에 대해 배운다.	지구 로타리 재단 위원회, 지구 연수 위원회	<u>지구 보조금 관리 세미나 리더스 가이드</u> <u>지구 보조금 관리 메뉴얼</u>
지구 지도부 연수회 지구대회 직전이나 직후	클럽 임원을 지낸 지구 리더십에 관심있는 로타리안들이 리더십 기술을 배운다.	지구 연수 위원회	지구 지도부 연수회 리더스 가이드 (참가자용 교재는 클럽 또는 지구가 개발)

로타랙트 지구 지도부 연수회	차기 로타랙트 클럽 리더, 로타랙터, 관심있는 로타리안, 비로타리안들이 로타랙트에 대해 배운다.	지구 로타랙트 대표	지구 로타랙트 대표 가이드
클럽의 공개 선거 이후와 6월 30일 이전			

5. 온라인 도구

로타리가 제공하는 온라인 도구로 클럽 활동과 봉사 프로젝트를 강화하고 로타리 홍보 효과를 높이도록 한다.(학습센터 방문)

(1) 로타리클럽 센트럴(클럽 목표 관리)

로타리클럽 센트럴은 클럽이 연간 계획을 수립하고 진척 상황을 기록하기 위한 목표 설정용 온라인 도구이다. 클럽 차기회장들은 각자 클럽의 정보를 최신 상태로 유지하고, 도움이 필요할 때는 총재지역대표와 협력한다. 총재지역대표와 총재는 로타리클럽 센트럴을 활용하여 연중 목표 진척 상황을 파악 할 수 있다.

(2) 브랜드 센터

로타리 메시지 및 비주얼 사용에 대한 가이드라인과 더불어 클럽, 프로젝트, 프로그램 등 용도에 맞게 편집이 가능한 각종 홍보 자료를 찾아볼 수 있다.

(3) 로타리 쇼케이스

국제로타리의 최신 온라인 도구로써 우수한 봉사 프로젝트를 전세계 로타리 동료들은 물론 비로타리안들과 나눌 수 있는 소셜미디어 어플리케이션이다. 사용자들은 클럽의 프로젝트들을 추가하고, 다른 클럽 및 지구와 연결하여 전세계 로타리안들이 실시하고 있는 다양한 봉사활동을 검색해 볼 수 있다. 특히 인기 소셜미디어인 페이스북과 직접 연결시킬 수 있으므로 그 파급효과가 막대할 것으로 예상된다.

(4) 학습센터
로타리 지식은 물론 다양한 전문 기술에 관한 온라인 강좌가 수록되어 있다.

로타리 스케치

겨울

어깨겯고 함께 하자

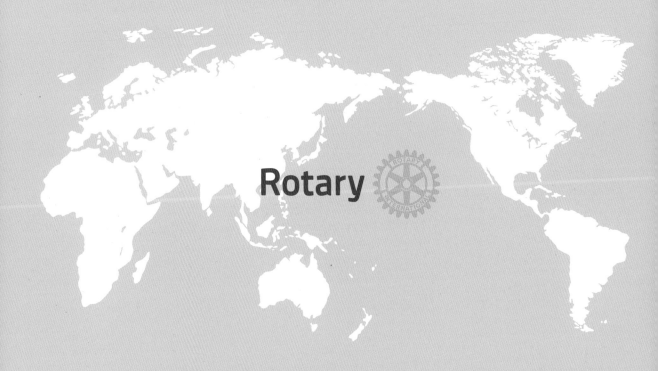

로타리

Chapter 7
국제로타리

Chapter 7. 국제로타리

1. 국제로타리의 정의

세계 각지의 직업인들이 모여 만든 각 로타리클럽의 국제적인 연합단체(Rotary International)

1) 국제로타리

국제로타리(RI : Rotary International)는 가장 오래된 역사를 가진 세계 최대 규모의 NGO 봉사단체로써 세계 200개 이상 국가 및 자치령에 36,000여 개 로타리클럽의 연합체이다.

회원은 정관에 부여된 임무를 계속적으로 실천하는 클럽회원들로 구성된다. 로타리안들은 각 로타리클럽의 회원이고 로타리클럽은 RI의 회원이다.

'로타리안'이라 불리는 120만 명 회원들은 로타리의 모토인 '초아의 봉사'를 실현하기 위해 시간과 재능을 바친다.

- 1910 미국 전역 '전국 로타리클럽협회' 창립
- 1911 로타리클럽 국제연합회로 개칭
- 1922 Rotary International로 개칭

자진하여 인도적인 봉사에 이바지할 것과 모든 직업에 있어서 높은 도덕적 수준을 지킬 것을 장려하며 세계적인 친선과 평화의 확립에 이바지할 것을 목적으로 하는 순수 민간단체이다. 중앙사무국은 미국 일리노이주의 에반스톤에 있다. 1905년 2월 23일 미국 시카고에서 폴(Paul,H.)이 친구 3명과 같이 창설하였다. 초대 회장은 시일(Schiele,S.)이 맡았으며, 로타리클럽의 명칭은 각자의 직장을 순회하며 화합을 가진 데에서 유래되었다고 한다.

(1) 국제 로타리 사명

타인에게 봉사하고, 정직을 고취시키며, 비즈니스와 각 직업 분야 및 지역사회 리더들간의 친교를 통해 세계이해와 친선, 평화를 증진시키는 것이다.

(2) 국제 로타리의 목적

로타리 목적을 촉진하는 프로그램과 활동을 추구하는 국제로타리의 회원인 로타리클럽과 지구를 지원한다.

· 전 세계에 로타리를 격려, 권장, 확대 그리고 감독한다.
· 국제 로타리의 활동을 조정하고 전반적으로 이를 지도한다.

(3) 로타리 실천계획 – 클럽이 할 수 있는 일

로타리의 실천 계획은 과거의 성공을 기초로 수립되었으며, 로타리가 지속적으로 성장하고 사람들을 단합시키며 지속되는 임팩트를 창출하기 위해 나아가야 할 방향을 제시한다.

모든 회원의 실천 계획을 검토하고, 자신의 클럽과 지구 목표를 생각해본 후 그 목표를 이 계획과 일치시키기 위한 의미 있는 방법을 찾아볼 것을 권장한다. 클럽과 지구는 새로운 우선순위와 목표에 대해 공개적으로, 그리고 지속적으로 토의하고, 토의

내용에 기초해 클럽 또는 지구 전략을 수립한다.

업무와 활동의 지침이 되는 4개 우선순위의 각 목표를 달성하기 위해 실천 할 수 있는 아래에 제시된 방법으로 로타리의 실천 계획을 어떻게 구현시킬지 생각한다.

■ 영향력을 더한다.

영향력 있는 봉사 프로젝트의 중요성을 회원들에게 알리기 위한 전략을 개발한다. 측정 가능한 데이터 중심의 결과는 차세대 리더들에게 봉사 프로젝트의 영향력을 증명하는데 효과적이다.

지역사회 평가를 실시해 해당 지역에서 무엇이 가장 시급한지를 파악하고, 이에 대처하기 위해 지역의 강점과 필요 그리고 주요 의사결정자를 확인한다. 프로젝트 시행 전후에 필요한 평가를 수행해 지역사회에 진정으로 도움이 되는, 측정 가능하고 지속력 있는 변화를 어디서, 어떻게 창출할 것인지에 대한 계획을 세운다.

임팩트에 초점을 맞춘다. 클럽 활동을 검토하고, 간소화하거나 없앨 활동을 결정하여 클럽이 실질적인 임팩트에 더 많은 시간을 할애할 수 있도록 한다.

클럽과 지구는 오랫동안 성공을 거둬온 봉사 프로젝트와 프로그램을 계속해서 진행하는 동시에 새롭게 영향력 또는 결과를 보이기 시작한 신규 프로젝트나 기회를 열린 마음으로 수용해야 한다. 지속 및 측정 가능한 결과를 가져올 프로젝트를 위한 자금을 마련하고자 한다면 글로벌 보조금 또는 지구 보조금 신청을 고려한다.

■ 영역을 넓힌다.

더 많은 사람들에게 로타리를 소개할 수 있도록 봉사 프로젝트나 친목행사를 통한 지역사회의 새로운 그룹과의 협업 목표를 설정한다. 비전 선언문에 나와 있듯이, 지속되는 변화를 창출하기 위해서는 일반인들과도 함께 해야 한다.

로타리의 멤버십 도구와 자원을 활용해 소속 클럽을 평가하고, 나아가 지역사회의 다양성을 반영함으로써 모든 사람을 환영하는 매력적인 클럽으로 성장 할 수 있는 방법을 배운다.

지구는 신생클럽 창립을 고려해야 한다. 유연한 클럽 모델을 활용해 다양한 관심사와 필요 그리고 배경을 지닌 사람들을 끌어들일 수 있는 클럽을 창립한다. 기존 클럽과 마찬가지로 이 신생클럽들도 로타리의 핵심 가치를 포함하고 회원들에게 가치를 제공해야 한다.

클럽이나 지구가 어떻게 변화를 창출하는 지에 대한 스토리를 설득력 있게 전달한다. 브랜드 센터에 있는 "실천에 나서는 사람들" 자료와 기타 자원을 이용해 전통적인 미디어와 소셜미디어를 통해, 그리고 지역사회에 클럽 또는 지구의 임팩트를 보여줄 수 있는 방법을 배우도록 한다. 로타리의 공공이미지가 강화되면 같은 생각을 가진 사람들을 클럽에 영입하고, 봉사를 위한 새로운 파트너쉽 등의 강력하고 다양한 공조 네트워크를 구축하는데 도움이 된다.

■ 참여 수준을 높인다.

신입회원 뿐 아니라 기존 회원에게도 개인적, 직업적 가치를 제공하는데 중점을 둔다. 창의적인 아이디어 구성을 위한 브레인스토밍 시간을 갖거나 설문조사를 통해 회원들이 중요하게 여기는 클럽 경험과 로타리를 통해 어떻게 성장하고 발전하기 원하는지를 알아본다.

로타리와 연결된 모든 사람을 참여자로 여기고 새로운 아이디어나 생각을 공유해 줄 것을 요청한다. 클럽에 가입하지 않았더라도 클럽 활동에 동참하도록 권장해 가치를 인정해줌으로써 로타리 활동을 지지하게 만든다.

회원 및 참여자들에게 학습센터에 수록된 강좌를 통해 리더십 기술 및 기타 기술을 개발할 것을 권장한다.

■ 적응 능력을 키운다.

클럽 활동과 봉사 프로젝트에 대한 아이디어를 얻기 위해 클럽 회원과 참여자들이 참여하는 혁신적인 포럼을 개최해 브레인스토밍 시간을 갖는다. 혁신이나 유연화를 통해 강화에 성공한 클럽이나 다른 단체의 사례를 클럽에 적용할 방법을 모색한다.

새로운 아이디어를 시도하기 위해 소액의 기금을 마련한다. 성공을 거둔 방법은 확장하고 그렇지 못한 경우에는 학습한 것을 문서화 한다.

클럽의 역할, 프로세스, 과제 등을 검토해 책임을 축소, 통합, 폐지하거나 다른 기술을 활용해 보다 효율적인 운영 방법을 찾는다.

인수인계 계획을 확립한다. 클럽회장, 지구총재 및 기타 임원들은 향후 몇 년간 중요 직책을 맡을 차기 임원들과의 협업을 통해 클럽/지구의 노력이 일관성 있게 유지되고 관계자 모두가 성공에 기여하도록 한다.

■ 핵심 가치

로타리 핵심 가치

로타리가 창립된 1905년과 지금은 전혀 다른 세상이다. 인구 구성 및 분포가 달라지고 변화의 속도가 한층 빨라졌으며, 기술의 발달로 연결과 봉사를 위한 새로운 기회가 창출되고 있다. 그러나 변하지 않는 것은 로타리를 정의하는 가치에 대한 필요성이다.

친목 정직 다양성 봉사 리더십

2) RI 표어
- 국제 로타리 회장의 연례 메시지는 특별프로그램, 표어 등 그 표현 형식을 막론하고 그 해 로타리 프로그램을 실행하는데 있어 가장 중요한 위상을 갖는다.
- 회장 메시지는 모든 로타리클럽과 회원들에 의해 인식, 숙지되고 효과적으로 실행

되어야 한다.

- RI 지구와 클럽의 모든 임원들은 RI 표어가 사용가능한 유일한 표어임을 유념하고 다른 표어의 사용을 자제하도록 한다.

3) 로타리와 정치

로타리는 다양한 정치적 견해를 가진 전 세계 회원들로 구성되므로 정치적 주제와 관련해 전체를 대변하는 그 어떠한 행동이나 발언도 하지 않아야 한다. (2016년 4월, 이사회 결의사항 157)

4) 로타리와 종교

로타리는 모든 신앙과 종교, 믿음을 가진 회원들로 구성된 비종교 단체이다
(2007년 11월, 이사회 결의사항 49)

5) 로타리 축가

공식적인 로타리 축가는 베토벤의 "에그몬트 서곡 중 행진곡를 발췌, 편곡한 것으로, 깃발 행진과 같은 적절한 행사에서 연주될 수 있다. (2000년 2월, 이사회 결의사항 298)

6) 로타리 의전

의전 서열은 모든 RI 회합, 영접 라인에서 국제로타리와 로타리재단의 현/전/차기 임원, 위원회 위원 및 그 배우자들을 소개하거나 좌석을 배치할 때에 그리고 모든 RI 출판물에 이들의 성명을 인쇄할 때에 적용되어야 한다.

7) 국제로타리의 회원

로타리안에게 "당신은 국제로타리의 회원입니까"하고 물으면 그 사람은 어리둥절하며 "물론, 나는 국제로타리의 회원"이라고 답할 것이다. 그러나 엄밀히 따져서 그 로타리안은 잘못 알고 있는 것이다. 어느 로타리안도 국제로타리의 회원이 될 수 없

다. RI정관에 의하면 국제로타리회원은 로타리클럽으로 한정되어 있다. 로타리안은 클럽의 회원이며, 클럽은 국제로타리의 회원인 것이다.

- 국제로타리의 회원은 본 정관 및 세칙에 규정된 의무를 지속적으로 수행하는 클럽들로 구성된다.
- 클럽은 선량한 인격과 정직성 및 리더십을 갖추고 사업이나 종사하는 직업 분야 또는 지역사회에서 평판이 좋은 성인으로서 소속 지역사회 또는 전 세계를 위해 봉사하려는 의지를 지닌 사람들로 구성된다.
- 국제로타리 가입증서가 수여되고 이를 수령하는 모든 클럽은 법에 저촉되지 않는 한 국제로타리 정관과 세칙, 그리고 개정된 모든 규정의 기속을 받으며, 그러한 규정들을 성실히 준수할 것을 수락, 승인하고 또 동의하여야 한다.

8) RI 전 회장 심의회

- RI 전 회장 심의회는 상임 기구로서 클럽 회원을 갖고 있는 전 회장들로 구성된다.
- 회장은 당연직 위원으로 회의에 참석하여 심의 활동에 참여할 수 있는 특전을 갖는다. 그러나 의사 진행 과정에서 투표권은 없다.
- 직전 회장의 바로 전 회장이 의장, 그리고 직전 회장이 부의장이 되며, 사무총장은 총무 역할을 맡지만 의원은 아니다.
- 전 회장 심의회는 통신 수단을 이용하여 회장이나 이사회가 회부한 사안을 심의하며 그에 관하여 이사회에 자문과 권고를 할 수 있다.
- 전 회장 심의회는 국제대회 또는 국제협의회에서도 회의를 개최할 수 있다.

9) 회비 및 재정

- 각 클럽은 회원 1인당 RI 회비를 연 2회 납부하거나 RI 이사회가 정한 날짜에 납부하여야 한다.
- 2017-18년도에는 미화 연60$, 2018-19년도 미화 연64$, 2019-20년도 연 68$, 2020-21년도 연 69$, 2021-22년도 70$, 2022-23년도 71$이다.

- 로타리 회계연도는 7월 1일에 시작하여 6월 30일에 끝난다.
- RI 업무 및 재정은 RI 이사회의 지휘 및 통제 하에 있다.
- 사무총장은 RI 이사회가 승인한 예산 범위 내에서만 경비지출을 집행할 수 있다.
- RI의 주요 수입원은 클럽의 1인당 회비, 국제대회 및 기타 회합 등록비, 세계 건물임대료 수입, 출판물 판매대금, 공식 잡지 구독료와 광고료, 라이선스 비용과 로열티, 투자에 대한 이자, 배당금, 이윤/손실 등이다.
- 규정 심의회 대의원 파견을 위한 클럽회비는 회원 1인당 미화 1$의 추가 회비를 납부하여야 한다.
- RI 이사회의 사전 승인 없이는 해당 목적을 위해 당초 할당된 예산액을 초과하여 지출할 수 없다.

2. 국제로타리의 행정관리

(1) 국제로타리 세계본부 사무국

국제로타리의 세계본부 사무국이 개설 된 것은 1910년 8월 18일에 당시 16개의 로타리 클럽을 위한 일을 하는 사무실로, 1905년 최초의 로타리 클럽이 설립된 미국 일리노이주 시카고시에 설치되었다.

그 후 1954년 8월 16일에 현재의 미국 일리노이 에반스톤시 릿지가 1600번지에 세워진 국제로타리 소유인 본 건물에 옮겼다. 1925년 2월 7일 국제로타리 최초의 지국(전에는 서비스센타라 불렀음)이 스위스의 쥬리히에 개설되었으며, 1987년까지 RI 이사회의 승인을 받은 8개의 해외 지국이 추가 설치되었다. 한국지국은 1987년 11월부터 서울에 개설되어 있다.

■ **9개의 지국이 있는 국가**

스위스지국 - 쥬리히,   한국지국 - 서울,   남아시아지국- 인도 델리,

남서태평양지국 - 오스트리아,   일본지국 - 동경,   노르딕지국 - 스웨덴의 스톡홀름

동남아세아지국 - 필리핀,   브라질지국 - 상파울로,   남아메리카지국 - 아르헨티나 부에노스아이레스

• 국제 로타리 행정 업무는 사무총장과 직원들로 구성된 사무국에 의해 관리된다.

국제로타리 사무국의 직원은 RI 및 로타리재단의 운영업무의 조직을 운영함과 동시에 국제, 지구 및 클럽의 각 레벨에서의 로타리안과 임원을 위한 일을 하며, 로타리 강령의 추진에 기여하고 있다. 사무총장은 국제로타리와 로타리재단의 상임임원이다. 에반스톤과 9개의 서비스센타에서 500명 이상의 직원이 지구총재 및 클럽의 봉사활동을 돕고 직무를 처리하며 전 세계 로타리에 관한 기록을 보관한다.

국제로타리의 사무총장은 보수를 받는 유일한 임원이며 이사회에 의해 선출되고 그임기는 5년으로 하되 재선출 될 수 있다. 이사회의 총무가 되나 이사회의 의사 진행에 대한 투표권은 없다.

현재 Rotary에는 RI 세계 본부, 전 세계 6개 해외 지국에 총 800여 명의 직원들이 근무하고 있다(세계 본부에는 약 550명, 6개의 해외 지국에는 약 150명, 인도 IT부서에 약 100명의 직원이 근무). 세계 본부인 미국 Chicago, Evanston에 위치하고 있는 One Rotary Center 빌딩은 3층과 11~18층이 로타리 사무실로 사용되고 있으며, 나머지 층은 다른 업체에 임대하여 운영 중에 있다.

(2) 국제로타리 이사회(Board of Directors)

국제로타리의 임원은 RI회장, RI차기회장, 부회장 그 밖의 이사, 사무총장, 재무, 지구총재 및 영국 및 아일랜드(內) 국제로타리의 회장, 직전회장, 부회장 및 명예재무이다.

국제로타리의 관리 주체는 이사회이다. 국제로타리 회장은 이사회의 멤버로서 그

의장이 된다. RI의 모든 업무를 지휘, 감독하며, 전 세계 34개의 Zone(2개의 존에서 4년마다 각 2년 임기로 1명의 이사를 윤번으로 선임)에서 선출된 RI 이사 17명과 회장, 차기회장으로 19명이 구성되어 있다.

• 이사회는 RI의 관리운영기관으로서 지구총재, 사무국장 및 사무국 직원들의 관리를 담당하며 RI의 모든 임원, 차기 임원, 차차기 임원, 그리고 위원회를 통제하고 감독한다.

• RI 이사회는 RI의 목적 증진, 로타리 목적의 실현, 로타리의 근본 원리에 대한 연구 및 교육, 로타리의 이념과 윤리 및 고유한 특성의 보존, 전 세계에 걸친 로타리 확대 등을 위해 필요한 활동이라면 무엇이든 수행할 책임을 진다.

• 이사회 회의 및 결의에 대한 의사록 일체는 해당 회의 또는 결의 후 60일 이내에 로타리 웹사이트에 게재하여 모든 회원들이 볼 수 있도록 하여야 한다.

1) 국제로타리 회장(RI PRESIDENT)

국제로타리 최상위 임원으로 임기는 1년이며 매년 새로 선출한다. 국제로타리를 대표하는 제1대변인으로서 국제대회와 RI 이사회를 주재하고 사무총장에게 조언을 제공하며 관련된 임무를 수행한다.

매년, 탁월한 로타리안 1명이 RI회장으로 선출된다. 회장 선출 절차는 전 세계 34개 Zone에서 17명의 지명위원 선발(짝수 연도에는 홀수 번호의 존에서, 홀수 연도에는 짝수번호의 존에서 1명씩 선출)을 시작으로 1년 전에 시작된다.

회장을 선출하는 존은 2년마다 교체된다. RI 전이사만이 회장 후보자로 지명될 수 있으며, 1개 존에서 한 명 이상의 이사가 후보로 나설 경우 존 내의 클럽들이 선거를 치른다. 회장은 국제 경험이 필요한 위원회를 포함하여 추가적인 리더십 역할을 수행한 이들이 대부분이며, 임기는 1년이다. 회장은 임기 2년차 RI 이사 중에서 부회장과 재무를 선택한다.

■ 국제로타리 회장 선출

지명위원회 위원은 위원이 선출된 존 내 클럽의 회원이어야 하며, 지명위원회의 위원으로 선출될 수 있는 로타리안은 RI이사를 역임한 회원이어야 한다. 또한 회장, 차기회장, 또는 전 회장은 위원이 될 수 없다. 지명위원회는 모든 전(前) RI 이사들을 회장 후보로 고려할 수 있다. 지명위원회 위원들과 현 이사들은 회장 후보가 될 수 없다.

지명위원회는 8월 15일 이전에 회의를 개최하며 정족수는 12명이며, 최소한 10명 이상의 위원이 해당 피지명자에게 찬성표를 던져야 한다.

피지명자의 성명은 모든 로타리클럽에 통보되며 그 해 12월 1일 전에 추가지명자가 없으면 지명위원회가 선출한 후보가 회장 피지명자로 발표된다. 이때부터 회장 피지명자와 그 배우자는 1년 이상의 준비기간을 가진 후, RI회장으로서 전 세계 로타리안을 위해 1년 동안 봉사하게 된다.

2) 국제로타리 이사 (RI DIRECTOR)

매년 34개 존 가운데 8-9개 존이 RI 이사 피지명자를 선출한다. 존을 구성하는 각 지구의 전 총재들로 구성된 이사 지명위원회가 2년 임기의 이사 피지명자를 선출한다. 위원회 위원들은 후보를 인터뷰하고, 존을 대표할 이사를 결정한다. 지구 총재도 후보가 될 수 있지만, 총재직이 끝난 후 최소 3년이 지나야 한다. 후보가 되려면 3년 사이 로타리협의회에 2회, 로타리 국제대회에 1회 이상 참석한 경험이 있어야 한다.

■ 국제로타리 이사 선출

각 존은 매 4년마다 2년 임기의 이사를 선출한다. 각 존의 지구는 1명씩의 지명위원과 교체위원을 선출하고, 선출된 지명위원들은 임기 개시 2년 전의 9월, 이사회가 지정한 시간과 장소에서 회의를 개최한다. 이사 및 교체 이사 피지명자는 위원회의 60% 이상의 투표수를 얻어야 한다. 피지명자의 성명은 모든 로타리클럽에 통보되며 그 해 12월 1일 전에 추가지명자가 없으면 지명위원회가 선출한 후보가 이사 피지명자로 발표된다. 이때부터 이사 피지명자는 1년 이상의 준비기간을 가진 후, RI이사로서 소속 존을 대표하는 것은 물론, 전 세계 로타리안을 위해 2년 동안 봉사하게 된다.

3) 지구 총재

지구총재는 지구 유일의 국제로타리 현 임원이다. 지구총재는 로타리의 목적을 수행할 수 있도록 지구 내의 클럽을 감독하고 클럽의 활동을 지원한다. 지구총재는 총재지역대표, 지구임원, 위원회위원장의 도움을 받는다.

지구는 총재선출 절차로 (가) 지명위원회를 통한 선출 (나) 클럽 투표를 통한선출 (다) 지구대회에서 선출 중 1가지를 채택해야 한다.

지명위원회 절차를 채택한 지구의 경우, 지명위원회가 총재 피지명자 후보자로 최적격인 이를 물색해 추천할 책임이 있다.

유효한 도전 후보자가 없는 경우, 총재는 위원회가 지명한 후보자를 총재 피지명자로 공표해야 한다. 총재는 지구소속 모든 클럽에게 15일 이내에 총재 피지명자를 통보해야 한다.

※ 클럽의 총재 추천

총재는 각 클럽에 총재 지명을 위한 추천서 제출을 요청해야 한다. 추천서 제출 마감일은 지명위원회의 개최일로부터 적어도 2개월 전까지여야 한다. 추천서는 클럽의 정기모임에서 채택된 결의의 형식으로 추천 후보자를 지명해 제출되어야 하고, 클럽 총무의 서명을 통해 이를 입증해야 한다. 클럽은 소속 클럽 회원 중 1명만을 추천할 수 있다.

4) 클럽

클럽은 로타리의 핵심을 이루고 있으며, 2020년 10월 30일 현재 36,377개 클럽이 모여서 국제로타리라는 연합회를 형성하고, 200개 이상의 국가 및 자치령에 1,195,644명의 회원을 가지고 있다.

5) 로타리 웹사이트

공식로타리 웹사이트 www.rotary.org 는 출판물 주문에서부터 로타리재단에 대한 기부, 국제대회를 비롯한 각종 회합의 등록까지 로타리 업무를 온라인으로 처리할 수 있게 되어있다. 한국어를 비롯한 8개 국어로 주요 로타리 정보를 제공하며 한국로타리의 공식 웹사이트 www. rotarykorea.org와도 연결된다. 최신 로타리 뉴스를 포함한 방대한 양의 정보와 지식을 얻을 수 있으므로 모든 회원의 방문을 권한다. 특히 당해 연도의 회장과 총무는 반드시 웹사이트에 접속 등록을 함으로써 클럽의 모든 자료의 검색과 수정, 로타리재단에 대한 기부 등을 인터넷으로 하는 것이 타당하다.

6) 로타리 한국지국

국제로타리 한국지국은 한국의 19개 지구, 1,667개 클럽과 64,287명의 로타리안 (2020년 10월 30일 현재) 현재 기준의 숫자를 기재에 대한 국제로타리, 로타리재단의 봉사활동과 프로그램에 관한 정보 및 자료, 그리고 행정 지원을 제공하고 있으며 RI 회비 및 재단 기부금의 수납, 관리, 송금의 업무를 담당하고 있다. 아울러 각 지구 및 클럽의 운영과 봉사활동에 관련된 다방면의 지원과 안내를 제공하고 있다.

3. 국제로타리의 활동

- 국제협의회
- 국제대회
- 규정심의회
- 로타리연수회
- 국제연수회
- 지역대회

(1) 국제협의회(International Assembly)

국제협의회는 매년 개최하되 차기 총재들에게 로타리에 대한 교육, 관리 업무 안내, 동기 부여 및 영감을 제공하고, 다음 연도 동안의 로타리 프로그램과 활동의 실행

방안에 관하여 토의 하고 계획하는 기회를 주기 위한 것이다.

- 차기총재는 국제협의회의 모든 회합에 출석하지 않으면 총재로 취임하지 못한다.
- 이사회는 국제협의회 개최 시기와 장소를 결정하여야 한다.
- 국제 협의회는 매년 2월 15일 이전에 개최되어야 하며, RI 차기 회장은 국제협의회 프로그램에 대한 책임을 지며, 협의회 준비를 감독하기 위하여 구성된 모든 위원회의 위원장이 된다.
- 국제협의회에 참가할 수 있는 참가자는 회장, 차기회장, 이사, 차기 이사, 차차기 이사 ,사무총장, 차기 총재, 기타 이사회가 지명한 사람들이다.

(2) 국제대회(Convention of R.I)

매년 5월이나 6월, 국제로타리는 "국제적인 차원에서 로타리안을 격려하고 동기를 부여하며, 로타리 정보를 제공하기 위하여" 국제대회를 개최한다. RI이사회는 대회 개최 4-5년 전에 한 지역을 결정하고 그 지역의 도시로 하여금 국제대회 유치에 대한 제안 설명을 하도록 한다. 이는 로타리안들에게 다양한 행사와 휴식을 즐길 수 있는 독특한 기회일 뿐만 아니라 로타리의 진정한 국제성을 발견할 수 있는 영원히 잊지 못할 값진 경험이 될 것이다.

- 매년 회계 연도의 최종 3개월(4~6)기간 중 이사회가 정하는 전 세계 도시에서 순회 개최되며 최고 10년 후에 개최될 국제 대회까지 결정할 수 있고 또 개최와 관련된 준비를 할 수 있다. 단, 충분한 사유가 있을 때 이사회는 이를 변경할 수가 있다.
- 특별 국제 대회, 비상사태의 경우, 회장은 이사회 과반수의 승인을 얻어 특별 국제대회를 소집할 수 있다. 국제대회는 3년이상 연속하여 한 국가에서 개최될 수 없다.

  대회에서는 로타리의 활동계획에 대한 토의와 활동보고가 행해진다. 또, 전 세계의 클럽에서 모인 대의원들이 RI회장, 이사, 지구총재 등의 임원을 선출한다.

- 모든 로타리안은 참가 자격이 있으며, 각 클럽은 최소한 1명의 대의원을 보낼 권리가 있고, 회원 수가 50명을 초과하는 클럽은 과반수에 대하여 1명씩 추가 대의원을 보낼 수 있으며 위임장에 의한 대리인도 파견할 수 있다.
- 현재 클럽의 회원 자격을 유지하고 있는 RI 임원과 전 RI 회장은 국제대회의 특별 대의원이 된다.

국제대회의 주요목적은 모든 로타리안 특히 차기 클럽회장과 차기 RI임원 및 로타리클럽 임원들에게 국제적인 수준에서 이들을 고취시키고 지식을 전달하여 지구와 클럽 차원에서 로타리를 발전시킬 수 있도록 동기를 부여하는데 있다.

국제대회는 또한 국제적인 연합체의 연차 회합이며, 로타리의 총괄적인 업무를 처리한다.

- 연령이 16세 이상인 국제 대회 참가자는 대회 참가 등록 신청서와 함께 이사회가 결정한 등록비를 납부하여야 한다.
- 전체 클럽 수의 10분의 1을 대표하는 대의원 등이 국제 대회 정족수가 된다.

(3) 심의회(Council)

RI의 입법 기구이다. RI정관을 개정할 수 있다. 매 3년 마다 개최되며, 대의원은 각 지구에서 임기를 마친 전 총재 중에서 선임한다. 심의회에서는 절차를 밟아 제출된 모든 제정안(정관이나 세칙에 대한 개정 안건)과 결의안(로타리 방침이나 절차에 대한 개정 권고 안건)을 심의하여 결정한다.

로타리 회원들은 2종류의 심의회를 통해 로타리의 운영에 대한 발언권을 행사한다.

각 로타리 지구는 3년의 임기를 수행할 대의원과 교체 대의원을 선출한다. 대의원은 임기 동안 개최되는 모든 결의심의회와 규정심의회에서 지구를 대표한다.

심의회 결정은 특별한 경우를 제외하고는 국제대회의 결정으로서 효력을 발생한다.

규정심의회 (Council on Legislation)

국제로타리의 의회로 입법기구가 된다. 전 세계의 각 지구의 대표로 구성된다. 3년에 한 번씩 4월, 5월 또는 6월 중 가급적 4월에 개최되며 RI의 정관과 세칙의 개정안을 심의한다. RI 정관, 세칙 그리고 표준 로타리클럽 정관의 개정도 이 심의회에서 행한다.

- 규정심의회에서 심의되는 입법안은 정관 문서를 개정하기 위한 입법안을 제정안이라 하며, RI의 입장을 표명하기 위한 입법안을 입장성명안이라 한다.
- 클럽이 제안한 제정안은 지구대회, 지구입법회의 등에서 소속 지구 내 클럽들의 승인을 받아 규정심의회 개최 전년도의 12월 31일까지 서면으로 사무총장에게 전달되어야 한다.
- 입장성명안은 규정심의회 폐회 전 언제든지 이사회에 의해 제안되어 규정심의회에서 의결될 수 있다.
- 심의회의 대의원은 RI 세칙이 정하는 바에 따른다.

결의심의회(Council on Resolutions)

- 결의심의회는 온라인 커뮤니케이션을 통해 매년 개최하며 결의안의 표결을 목적으로 한다.
- 의견을 표명하는 제안서를 결의안이라 하며, 정관문서의 범주에 속하지 않는 조치를 RI 이사회 또는 로타리재단 이사회에 요청하는 문서이다. 이상적으로 결의안은 지역적이나 행정적인 사안이 아닌 로타리 세계 전체에 영향을 미치는 사안을 다루는 것이어야 한다.
  전세계 각 로타리 지구를 대표하는 대의원들이 클럽과 지구, RI 이사회 RIBI 전체 심의회나 대회에서 제안된 결의안에 대해 표결한다. 결의안은 클럽, 지구대회, 이사회 등에서 제안할 수 있다.
- 클럽이 제안한 결의안은 지구대회, 지구입법회의 등에서 소속 지구 내 클럽들의 승인을 받아야 한다.
- 결의안은 결의심의회에서 심의되기 전년도의 6월 30일 이전까지 서면으로 사무총장에게 전달되어야 한다.

- 결의심의회 폐회 전에는 언제든지 이사회에 의해 제안되어 결의 심의회에서 의결될 수 있다.

(4) 로타리 연수회

현 전 RI 임원들에게 RI 방침과 프로그램을 알려 지원을 촉구하며, 존 차원에서 이루어지고 있는 성공적인 활동을 RI 이사회에 알려 참고할 수 있도록 하고, 지구 총재들의 리더십에 영감과 의욕을 고취시키고, 참가자들에게 친교와 팀정신을 북돋우는데 있다.

로타리 연수회는 존 단위로 RI 이사가 소집자로 1년에 1번씩 하며, 아울러 차기총재연수회(GETS), 지구트레이너 연수회 및 지역 로타리 재단 세미나를 연계하여 개최한다.

- RI회장은 RI 전, 현, 차기 임원들과 컨비너가 초청한 게스트들이 참석하는 로타리 정보를 위한 연례 회합인 로타리 연수회 개최를 승인할 수 있다.
- 로타리 연수회는 RI, 단독 존, 존 내 지역 또는 존 합동으로 개최될 수 있다.

4. 지역 리더(지역 코디네이터)

지역 리더는 지구와의 협력을 통해 로타리안들에게 로타리의 사명을 증진하고 국내에 영향력을 강화하기 위한 각종 자원을 제공하며 로타리 연수회, 차기 총재 연수회(GETS), 지역 차원의 행사, 지구 세미나 등에서 트레이너 및 진행자로 활약한다.

(1) 로타리 코디네이터(RC Rotary Coordinator)

보다 강력하고 역동적이며 효과적인 클럽 및 지구를 만들기 위해 노력한다. 담당 지역 내 클럽들과 지구들을 위해 촉진자, 동기 부여자, 컨설턴트 등의 역할을 수행하며, 궁극적으로 클럽의 개선으로 이어질 각종 계획을 수립, 실행하도록 돕고 총재들을 지원한다.

- 참신한 회원 영입 및 유지 전략 개발 장려
- 자원봉사와 네트워킹 활동에 활발히 참여하도록 독려하여 회원 참여의 중요성 부각
- 모범사례를 발굴해 클럽 및 지구 리더들과 공유함으로써 클럽 강화에 기여
- 지구와 클럽이 목표 달성을 위한 자체적인 전략 계획을 개발, 실행하도록 도움

지구와 클럽들에게 RI에 관한 지원 역할을 하며, 존 내 RI 이사, 로타리 재단 지역 코디네이터(RRFC), 로타리 공공 이미지 코디네이터(RPIC), 지구총재 등과 협력한다.

RC는 RI의 모든 요소에 관해 연수를 받고, 이에 정통한 인적 자원으로 활동하게 된다. RC는 지구 지도부의 지원을 받아 지구 및 지역 세미나와 워크샵을 개최함으로써 다음 기능을 수행한다.

- 로타리안들에게 RI 프로그램을 알리고 이에 참여하도록 동기를 부여한다.
- 클럽 및 지구 지도자들에게 동기를 부여하기 위해 아이디어를 제공하고 성공 사례를 소개한다.
- 보다 강력하고 효율적인 클럽을 만들어 회원증강을 이룩한다.
- 실무에서 RI 자원 역할 뿐 아니라 컨설턴트, 어드바이저, 멘토, 촉매 등의 역할을 한다.
- 클럽, 프로그램, 공공 이미지 등을 강화하는 창의적 접근법을 적극 권장한다.
- 자원을 파악하고 사람들 간의 연대를 구축한다.
- 클럽 및 지구 차원에서 장기적인 계획을 장려한다.
- RI의 핵심 가치를 증진 시킨다.
- 모든 관계자와 정기적인 커뮤니케이션 수단을 확보한다.
- RI 국제대회를 홍보한다.

(2) 로타리재단 지역 코디네이터 (RRFC Rotary Regional FoundationCoordinator)
로타리안들과 재단을 이어주는 가교 역할을 한다. RRFC들은 로타리안들을 대상으로 보조금, 프로그램, 기금조성 이니셔티브 등을 비롯한 재단 홍보를 지원함은 물론, 재단 보조금 신청과 관리에 대한 도움을 제공하며 참여 및 홍보 목표를 설정하고 달

성하도록 돕는다. 재단 프로그램을 홍보하고 이를 위한 모금 활동을 지원·독려하며 로타리안들에게 재단의 보조금 및 프로그램을 알리기 위한 지역 로타리재단 세미나를 실시한다.

- 국제로타리의 최우선 순위 프로그램인 폴리오플러스에 대한 지속적인 지원 촉구
- 로타리재단 기금, 특히 연차기금 조성을 위한 클럽과 지구의 활동 지원
- 클럽과 지구에 로타리 보조금에 대한 정보 제공
- 지역 로타리재단 세미나를 개최하여 로타리재단과 그 영향력에 대한 연수 실시

로타리 코디네이터는 RI 회장 및 로타리재단 관리위원장이 임명하는 다른 지역 코디네이터들과 팀을 이룬다. 이 팀은 로타리 코디네이터 외에 로타리재단 지역 코디네이터, 로타리 공공 이미지 코디네이터로 구성된다.

각 코디네이터는 해당 분야에 전문성과 풍부한 로타리 지식을 갖고 있다. 팀원들은 협력하여 로타리안들에게 자원을 제공하고 RI 전략계획의 역점 부문을 지원한다.

RRFC는 로타리안들이 재단에 적극 참여하여 봉사 목표의 모금 목표를 달성할 수 있도록 지원한다. 구체적으로 다음과 같은 역할을 수행한다.

- 로타리의 최우선 순위 프로그램인 폴리오플러스에 대한 지속적인 지원을 촉구한다.
- 재단기금, 특히 연차기금 조성을 위한 클럽과 지구의 활동을 지원한다.
- 클럽과 지구에 로타리 보조금에 대한 교육을 제공한다.

RRFC의 책임사항은 다음과 같다.
- 매년 연차기금에 개인적으로 기부함으로써 기부에 솔선한다. 각자의 재정적 역량에 따라 재단에 고액기부를 하거나 유증을 약정함으로써 기부에 솔선한다.
- 인도주의 봉사에 역점을 두고 봉사를 증대한다.
- 관리위원회와 사무총장을 도와 지구 및 클럽 지도자들에게 재단 보조금과 기금조성의 필요성에 대해 설명한다.
- 로타리 연도 내내 지구들의 재단 목표 달성 현황을 모니터링한다.

(3) 로타리 공공이미지 코디네이터 (RPIC Rotary Public Image Coordinator)

국제로타리 차기 회장이 임명하는 41명의 RPIC들은 홍보, 언론, 커뮤니케이션 분야 전문가인 로타리안들로 직업 경력과 로타리 경험을 접목시켜 로타리의 인도주의 활동을 회원과 일반 대중에게 널리 알리고 로타리의 공공이미지를 증진하기 위해 노력한다. 특히 클럽과 지구가 성공적인 프로젝트나 행사, 활동 등을 언론과 지역 정부 관계자, 시민 지도자, 그리고 지역사회에 알릴 수 있도록 지원한다. 또한 공공이미지 보조금 신청을 돕거나 지구나 클럽이 로타리 홍보에 소셜미디어를 효과적으로 활용하도록 돕는다.

- 로타리의 이야기를 널리 공유하여 로타리와 로타리가 펼치는 인도주의 활동에 대한 대중의 인식 확대
- 클럽과 지구 리더들이 로타리의 활약상을 지역사회, 언론매체, 시민단체, 지역 정부, 비정부기구 등에 효과적으로 홍보하도록 지원
- 로타리의 공공이미지 증진 노력을 지역 실정에 맞게 조정하여 현지 사회에서의 인지도 높임
- 로타리 이야기의 효과적인 전달에 도움이 되는 비주얼 및 기타 자원의 활용에 대한 연수 제공

RPIC의 책임사항은 다음과 같다.

- 로타리의 공공이미지를 증진하고 로타리에 대한 인식을 강화한다.
- 로타리안들을 대상으로 로타리의 홍보 활동을 알리고 동기를 부여한다.
- 로타리 공공이미지 보조금의 활용을 장려한다.
- 로타리의 대내외적 인지도를 높이고 공공이미지를 증진한다는 로타리 전략 계획의 우선순위를 강조한다.
- 클럽 차원의 홍보 노력을 강화하도록 장려한다.

(4) 인다우먼트/고액기부 어드바이저 (E/MGA Endowment/Major Gift Advisers)

고액기부, 특히 인다우먼트 기금에 대한 기부를 유치하기 위한 예상 기부자 파악, 관계 강화, 기부 권유 과정을 지원한다. E/MGA는 책임 지역 내에서 고액기부 및 인다우먼트와 관련된 제반 사항에 있어 핵심 인재로서 역할을 수행한다.

지역 코디네이터 이외에 로타리재단 차기 이사장은 기금개발 위원회 및 기금개발의 협의하에 41명의 인다우먼트/고액기부 어드바이저(E/MGA)를 임명한다. E/MGA는 관리위원장 직속으로, 고액기부, 특히 로타리 인다우먼트 기금에 대한 기부를 유지하기 위한 예상 기부자 파악, 관계 강화, 기부 권유 과정을 지원한다. E/MGA는 책임지역 내에서 고액기부 및 인다우먼트와 관련된 제반 사항에 있어 핵심 자원봉사 인적 자원의 역할을 수행한다.

(5) 앤드 폴리오 나우 존 코디네이터 (EPNZC End Polio Now Zone Coordinator)

소아마비 퇴치 활동에 대한 지구 및 클럽의 인식과 주창 활동, 재정적 지원이 활성화 될 수 있도록 리더십을 제공한다. 요청시 로타리 회합에서 폴리오플러스 프로그램의 목표를 홍보하는 프레젠테이션을 실시한다.

지역 코디네이터 이외에, 로타리재단 차기 관리위원장은 41명의 엔드폴리오나우 존코디네이터(EPNZC : Endpolio Now Zone Coordinator)를 임명한다. EPN 존 코디네이터는 로타리재단 지역 코디네이터 직속으로, 소아마비 퇴치 활동에 대한 지구 및 클럽들의 인식과 주창 활동, 그리고 재정적 지원이 활성화 될 수 있도록 리더십을 제공한다.

5. 로타리의 봉사상

1) 개인 봉사상

■ 초아의 봉사상 (Service Above Self Award)

RI가 로타리안에게 주는 초아의 봉사상은 로타리의 표어「초아의 봉사」를 상징하는 인도적 봉사활동을 한 로타리안에게 수여되는 상이다. 로타리의 봉사부문을 불문하고 이 상은 RI의 목표 추진에 두드러진 노력을 한 사람을 표창하는 것으로, 로타리안에 대한 로타리가 주는 최고의 영예이다.

현총재, 직전총재, 현 또는 전 RI 이사만이 이 상의 후보자를 지명할 수 있다. 총재, 차기총재, 직전총재, RI 이사, RI 차기이사, 전 RI이사(그 신분에 있는 2년 이내의 기간), 재단관리위원, 임명된 취임 전의 재단관리위원 및 전 재단관리위원(그 신분에 있는 2년 이내의 기간)을 제외하고, 하자 없는 정회원인 로타리안은 후보자로서 추천을 받을 수 있다.

자격을 가진 지명자는 1년에 3명까지 후보자를 추천할 수 있으나, RI 이사회 심사를 받기 위해서는 소정의 마감 날짜인 9월 15일까지 공식 추천양식을 사용하여 추천서를 제출해야만 한다. 선거 혹은 임명되어 수행한 로타리의 임무에 대한 업적, 로타리를 비롯하여 재단 혹은 개별 프로젝트에 대한 개인적인 자금기부는 본 상의 적절한 고려대상이 되지 않는다.(CPL. 43.030)

추천서에는
1) 본인의 약력
2) 로타리의 봉사활동
3) 로타리 이외의 봉사활동
4) 초아의 봉사를 실천한 구체적인 방법, 본상을 받을 만한 구체적인 이유를 기재해야만 한다.

■ 봉사부문 실천상 (Avenues of Service Citation)

'봉사부문 실천상'은 로타리안 개개인이 로타리의 5대 봉사부문의 각 부문에서 기울인 노력을 치하하기 위한 것이다. 현 클럽 회장이 로타리에 재정적 채무를 지지 않은 정회원이면 누구든지 봉사 부문 중 1개 혹은 전체 부문의 후보로 추천할 수 있으나, 현 클럽 회장 자신과, 현, 전, 차기 지구총재, 현, 전, 차기 사무총장, RI 이사, RI 회장은 후보에서 제외된다.

2) 클럽 봉사상

로타리안 개인을 위한 봉사상 이외에도, 국제로타리 및 로타리재단은 로타리의 이상을 실천한 클럽에게 봉사상을 수여하고 있다. 클럽 봉사상 추천서는 지구총재가 국제로타리에 제출해야 한다. 이 상에는 다음과 같은 것들이 있다.

■ 로타리 표창 (구. 회장표창, Rotary Citation)

로타리 표창은 조직의 우선순위 과제를 지원하기 위한 활동을 추구하는 로타리클럽을 치하하기 위한 것이다. 로타리 표창의 기준은 전략계획의 우선순위와 목표를 바탕으로 관련 로타리 재단 목표를 포함하는 것으로 전략계획이 지속되는 동안 유지된다.

각 회장이 원하는 대로 맞춤화 할 수 있는 부분도 있다. 표창 성과를 작성할 때는 해당 연도에 신설된 클럽이 표창 수상 대상에서 부당하게 배제되지 않도록 주의해야 한다.

■ 현저한 공적상 (Significant Achievement Award)

지역사회의 필요에 대처하기 위해 클럽 회원들이 직접 참여한 우수한 프로젝트들을 표창함으로써 다른 클럽들도 본받아 시행할 수 있도록 하기 위한 것이다.

각 지구총재는 1개의 프로젝트만을 추천할 수 있다. 정확한 추천서 제출 마감일 등 자세한 내용은 RI 표창 부서로 문의한다.

■ 로타리 인류사회 봉사상(Rotary Award for Excellence in Service to Humanity)

로타리 이상에 부합되는 탁월한 인도주의 봉사를 묵묵히 실천해 왔으나, 달리 표창의 기회가 주어지지 않았던 비로타리안에게 수여된다. 로타리안 배우자나 파트너를 포함하며 연간 최고 150명까지 표창한다.

■ RI 및 로타리재단 주요 표창

표 창	수상자	추천자	마감일
초아의 봉사상	초아의봉사상은 매년 뛰어난 봉사활동으로 인류의 삶에 영향을 미친 150명의 로타리클럽 회원	현 지구총재와 현 RI 이사	11월 1일
로타리 인류사회 봉사상	로타리이상에 부합되는 탁월한 인도주의 봉사를 실천하였던 비로타리안 (로타리안 배우자나 파트너를 포함) 연간 150명	지구총재와 RI이사/ 비지구로타리클럽의 경우 RI특별대표	4월 6일
현저한 공적상	봉사 프로젝트를 통해 지역사회의 긴급한 필요나 문제에 대처한 클럽	지구총재	
봉사부문 실천표창	5대봉사부문(클럽봉사, 직업봉사, 지역사회봉사, 국제봉사, 신세대봉사)에서 참여가 돋보인 회원	클럽회장 (*2017년 7월이후 국제로타리는 더 이상 해당 표창을 주관하지 않음)	연중내내
재단 공로표창장	지구 당 1명	지구총재	6월 30일
재단 특별공로상	50명(전세계) (재단공로표창장 수상 후 최소 4년이 넘은 로타리안)	지구총재와 2명의 추천인 (이 중 한명은 타지구 로타리안)	6월 30일
재단 지구봉사상	지구 단 20명	지구총재	연중내내
소아마비없는 세상을위한표창	자격있는 로타리안	로타리안	10월 1일
로타리 표창	50명(전세계) (재단공로 로타리 표창은 조직의 우선순위 과제를 지원하기 위한 활동을 추구하는 로타리클럽 표창장 수상후 최소4년이 넘은 로타리안)	(목표를 달성한 로타리클럽, 인터랙트클럽, 로타랙트클럽)	6월 30일

* 마감일 및 시상 기준 등 시상 관련 사항은 변경 가능하며, 국제로타리 홈페이지 (www.rotary.org)를 통하여 확인필요.

6. 국제로타리의 조직표

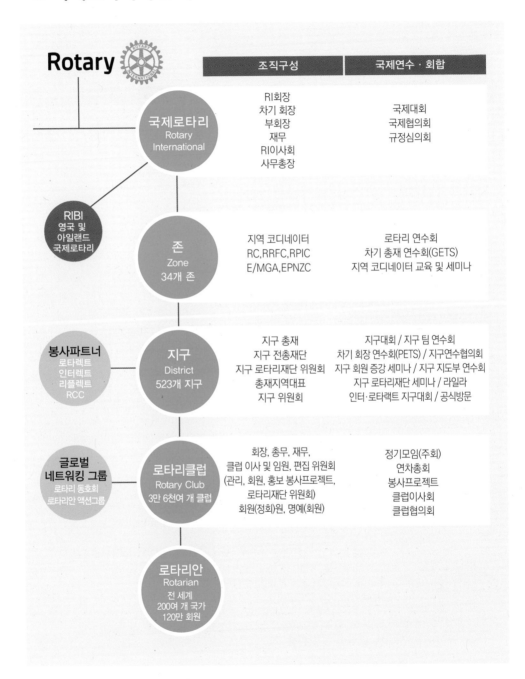

	조직구성	국제연수 · 회합
국제로타리 Rotary International	RI회장 차기 회장 부회장 재무 RI이사회 사무총장	국제대회 국제협의회 규정심의회
존 Zone 34개 존	지역 코디네이터 RC,RRFC,RPIC E/MGA,EPNZC	로타리 연수회 차기 총재 연수회(GETS) 지역 코디네이터 교육 및 세미나
지구 District 523개 지구	지구 총재 지구 전총재단 지구 로타리재단 위원회 총재지역대표 지구 위원회	지구대회 / 지구 팀 연수회 차기 회장 연수회(PETS) / 지구연수협의회 지구 회원 증강 세미나 / 지구 지도부 연수회 지구 로타리재단 세미나 / 라일라 인터·로타랙트 지구대회 / 공식방문
로타리클럽 Rotary Club 3만 6천여 개 클럽	회장, 총무, 재무, 클럽 이사 및 임원, 편집 위원회 (관리, 회원, 홍보 봉사프로젝트, 로타리재단 위원회) 회원(정회)원, 명예(회원)	정기모임(주회) 연차총회 봉사프로젝트 클럽이사회 클럽협의회

RIBI
영국 및
아일랜드
국제로타리

봉사파트너
로타렉트
인터렉트
리플렉트
RCC

**글로벌
네트워킹 그룹**
로타리 동호회
로타리안 액션그룹

로타리안
Rotarian
전 세계
200여 개 국가
120만 회원

로타리

Chapter 8
한국로타리

Chapter 8. 한국로타리

1. 한국로타리의 태동

한국에 있어서의 로타리 운동은 1927년 11월 10일 경성로타리클럽이 국제로타리에 가입함으로써 시작되었다.

그 후 1935년 5월 15일에 부산로타리클럽, 1937년 7월 3일에 평양로타리클럽, 1938년 6월 9일에 대구로타리클럽이 각각 국제로타리클럽의 가입승인을 얻어 활동을 벌이다가 제2차 세계대전으로 말미암아 해산되었고, 다만 서울에서는 「수요회」라는 이름으로 오찬회 형식의 모임을 계속하였다. 그러나 8.15광복 이전의 로타리클럽은 한국인 회원이 매우 적고 주로 일본인들에 의하여 운영되었으니 순수한 의미에서의 한국 로타리는 아니었다고 할 수 있다.

1945년 일본이 무조건 항복하고 우리나라가 해방되자 로타리 운동이 다시 싹트기 시작하여 1949년 3월 29일 경성로타리클럽은 서울 로타리클럽으로서 다시 발족되었고, 1952년 1월 3일에 부산로타리클럽, 1954년 6월 28일에 대구로타리클럽이 재건되었으며, 1956년 12월 17일에 한양로타리클럽, 1957년 3월 25일에 인천로타리

클럽, 1957년 4월 5일에 남서울로타리클럽, 1957년 11월 14일에 전주로타리클럽이 각각 국제로타리로부터 가입승인을 얻음으로써 우리나라 로타리 운동은 우리나라 사람에 의하여 본 궤도에 오르기 시작하였다.

대전, 남부산, 광주로타리클럽에 이어 1961년 1월 24일 청주로타리클럽이 11번째로 국제로타리클럽에 가입이 승인되고, 국제로타리 이사회는 한국에 독립된 지구의 설립을 승인하는 결의를 하였다.

1961년 7월 1일부터 효력을 발생하게 된 이 결의에 따라 지구번호를 국제로타리 375지구(RI District375) 명칭을 대한민국(Republic of Korea)으로 주어졌고, 우리들이 갈망했던 지구가 드디어 한국에 탄생되었다. 그 후 한국 내의 로타리 운동은 해를 거듭하면서 발전을 하여 클럽 수와 회원 수가 늘어나 1969년 7월 1일에는 376지구의 두 지구로, 1971년 7월 1일에는 다시 377지구의 분구로 3개 지구가 되었다.

1977년 7월 1일 이후 국제로타리 375지구, 376지구, 377지구는 각각 365지구, 366지구(경남·북)와 367(전남·북)지구로 개칭되었으며, 1978년 7월 1일 368지구(충청남·북)가 분구하였고, 1981년 7월 1일에는 369지구(경기)와 370지구(경북)가 각각 분구하였으며, 1982년 7월 1일에는 371지구(전남)가 분구하였다. 1987년 7월 1일에는 372지구(경남), 373지구(강원도), 375지구(한강 이남의 경기도)가 분구하였고, 1989년 7월 1일부터 374지구(충북)가 분구하여 한국은 11개 지구를 가지게 되었다. 1989년 5월 21일에서 24일까지 서울에서 80년차 로타리국제대회가 열려 86개국에서 38,878명이 참가하였다. 1978년 일본 동경대회의 39,834명에 이어 로타리 역사상 두 번 째로 큰 대회가 되어 한국로타리의 저력을 과시했다. 로타리가 계속하여 확대되는 추세에 발맞추어 RI 이사회에 의하여 네자리 숫자의 지구번호제가 채택됨에 따라 1991년 7월 1일부터 기존의 세자리에 0을 덧붙인 네자리로 변경되었다. (예 375→3750)

1994년 7월 1일부터는 3610지구가 제3710지구로부터, 3620지구가 3680지구로부터, 3630지구가 3790지구로부터 각각 분구되었고 1996년 7월 1일에는 3600지구가 3690, 3750지구로부터 분구되었고 1997년 7월 1일에 3720지구에서 3590지구가 분구되어 한국은 17개 지구를 갖게 되었다. 또 1995년 규정심의회에서 전세계 Zone 재편성이 있어 한국은 세계 34개 Zone 가운데 Zone 9이 되어 단독으로 존을 가지고 있어 4년마다 2년 임기의 국제로타리 이사를 내게 되었다.

한국로타리는 1995년 7월 1일을 기하여 단독 존9 시대를 맞았으며, 2008년 7월 1일부터 존9, 10(A)로 재편성되어 1.5존으로 확대되었다.

2018년 7월 1일부터 19개 지구가 존11, 존12로 재편성되었고, 4년마다 2년 임기의 RI이사를 배출하게 되었다.

회원 5만 명 시대로 2008년 존 개편에 존9와 10A로 1.5존이 되었다가 2018년 회원 6만7천 명 시대가 되어 존11, 존12의 2개 존을 확보하게 되어 한국로타리에서 매년 RI이사를 배출하는 쾌거를 이루게 된 것이다. 존11 소속 지구는 3600, 3620, 3630, 3640, 3650. 3690, 3730, 3740, 3750지구로 9개 지구이고, 존12 소속 지구는 3590, 3610, 3661, 3662, 3670, 3680, 3700, 3710, 3721, 3722지구로 10개 지구이다.

2008년 한국로타리는 한국에서의 로타리 활동 49년 만에 이동건 RI회장을 배출하였으며 이를 계기로 회원 수 전세계 4위(1위 미국, 2위 인도, 3위 일본), 재단기부 3위(1위 미국, 2위 일본)를 유지하고 있다.

2016년 5월 국제로타리 서울세계대회가 일산 킨텍스에서 열렸으며 5만 명이 넘는 로타리안의 참여로 세계대회 개최국에 대하여 역대 최고의 관심을 가지게 되었다.

한국어가 국제로타리의 주요 언어로, 클럽과 지구에 RI의 모든 기본 출판물을 한국어로 번역해서 보내주고 있다.

국제로타리의 공식언어(Official Language)는 영어이고, 주요 언어(Main

Language)는 9개 국어인데, 일본어, 포르투갈어, 스페인어, 프랑스어, 독일어, 한국어, 이탈리아어, 스웨덴어, 힌두어 등이다.

또한 1995년 국제협의회부터 차기 총재들을 한국어에 의한 교육을 독립적으로 하게 되었다. 그동안 영어반이나 일본어반에서 교육받던 설움을 씻게 된것이다. 드디어 1995년 6월 프랑스 니스에서 개최된 국제대회에서 한국어 프로그램이 준비되었고 대회 중 본회의가 한국어로 동시 통역되어 한국의 위상을 높일 수 있었다.

국제로타리를 관리 운영하는 RI이사에 한국에서는 1975년에 김영소 이사가 최초로 탄생하였으며 이후 12명의 RI이사가 배출되었다.

· RI 이사

1975-77 김영소(부산 RC)	2009-11 이규항(동안양 RC)
1983-85 오재경(서울 RC)	2011-13 박주인(순천 RC)
1985-87 김영휘(한양 RC)	2013-15 윤상구(새한양 RC)
1993-95 송인상(한양 RC)	2017-19 문은수(천안도솔 RC)
1997-99 채희병(서울 RC)	2019-21 김　균(부산동래 RC)
2001-03 이동건(서울한강 RC)	2021-23 김원표(남경주 RC)
2005-07 김광태(서울관악 RC)	

국제로타리의 수장인 RI회장에 2008-09회기에 이동건 RI회장을 배출하여 한국로타리의 위상을 높였다. 한국로타리는 수 년 전부터 로타리 회원 수나 로타리재단 기여도는 높았지만 언어장벽 등 여러가지 여건으로 RI회장이 배출되지 못하여 뜻있는 로타리안들의 가슴을 안타깝게 하였으나 이제 당당히 한국이 로타리 강국으로 자리잡게 된것이다.

· RI 회장

2008-09 이동건(서울 한강 RC)

1995년까지는 RI재단이사(트라스티)를 한국에서는 한사람도 배출하지 못했다. 송인상 이사가 우리의 재단에 대한 기여가 높아지자 트라스티에 한국로타리안을 보내야 한다고 꾸준히 요청하였고, 이후 한국로타리의 로타리 재단에 대한 기여도가 세계 3위를 달성하는 등 한국로타리의 위상이 높아지자 다시금 여러 로타리 지도자들의 노력으로 드디어 한국의 송인상 이사에게 트라스티를 해달라는 요청이 왔고 한국에서 처음으로 트라스티가 탄생되었다. 그 후 1999년 카라카스 규정심의회에서 RI 회장 출신국의 트라스티가 6명에서 4명으로, 임기가 6년에서 4년으로 단축됨으로써 한국에 트라스티가 계속 주어지는데 유리한 조건이 되었다.

한국에서 배출된 최초의 RI재단 이사는 송인상 이사이고 한국 최초 RI재단 이사장은 이동건 회장이다.

· RI 재단 이사

1995-97 송인상(한양RC)	2008-12 배 도(한양RC)
1997-99 김종대(남서울RC)	2010-14 이동건(서울한강RC)
1999-03 민병국(서울RC)	2014-17 윤영석(서울 회현RC)
2003-07 이동건(서울한강 RC)	2018-22 윤상구(새한양RC)

· RI 재단 이사장

2013-14 이동건(서울 한강 RC)

한국에서 로타리국제대회가 1989년 5월과 2016년 5월에 두 번 개최되었다. 1989년 제80회 국제대회는 5월 21일부터 24일까지 서울 올림픽체조경기장에서 해외참가자 2만 1천 여 명을 포함하여 약 3만 8천 명이 참가하여 개최되었으며, 그 후 27년 만에 2016년 5월 28일부터 6월 1일까지 경기 고양킨텍스에서 해외 참가자 2만 여 명을 포함해 약 4만 명이 참가한 가운데 국제로타리 세계대회 개최 사상 두 번째 성대한 행사로 기록되었다.

한국 로타리 역사

- 1927년 경성 로타리클럽 창립(1949년 서울로타리클럽으로 새 출발)
- 1959년 한국로타리 연합회(10개 클럽) 결성
- 1961년 한국 최초 375지구 탄생
- 1975년 한국 최초 RI이사 김영소(75-77)배출
- 1989.5.21.-24 서울에서 80년차 로타리 국제대회 개최
- 1995년 Zone9로 독립(16개 지구)
- 1995년 한국 최초 로타리재단 관리위원 송인상(1995-97) 배출
- 2008.7.1. Zone9를 개편하여 3590. 3610. 3660. 3710. 3720. 홍콩. 마카오.
  타이완. 몽골리아 등 Zone10A 구성
  2008년 한국 최초 RI회장 이동건(08-09)배출
- 2014.7.1 3660지구가 3661, 3662지구로 분구
- 2016.5.28.-6.1 서울에서 107차 로타리 국제대회 개최
- 2016.7.1 3720지구가 3721, 3722지구로 분구
- 2018.7.1 한국로타리 존11, 존12로 재구성
※ 현재 한국로타리 존11(9개 지구), 존12(10개 지구)

국제로타리 한국지국

국제로타리 한국 지국은 미국 에반스톤에 있는 RI 본부와 함께 전세계 9개 지국 중 하나로 1987년 11월에 개국했다. 현재 9명의 직원으로 구성되어 있으며 국제로타리와 국제로타리 재단의 활동과 프로그램에 관한 자료를 제공하며, 총재/클럽 인준 및 클럽 제적, 클럽 명칭 변경, 지구대회 준비, 총재 예산 결산 등 로타리의 제반 행정업무를 처리하고 있다. 특히 RI 회비와 재단 기부금의 수납 및 관리, RI 본부로의 송금 업무를 취급한다. 아울러 각종 출판물의 판매 및 배포를 포함한 각 지구 및 클럽의 운영을 위한 안내 및 법적 유권해석을 제공하고 있다.

주소 : (150-010) 서울시 영등포구 여의도동 43 미원빌딩 705호

TEL : (02)783-3077~8   FAX : (02)783-3079

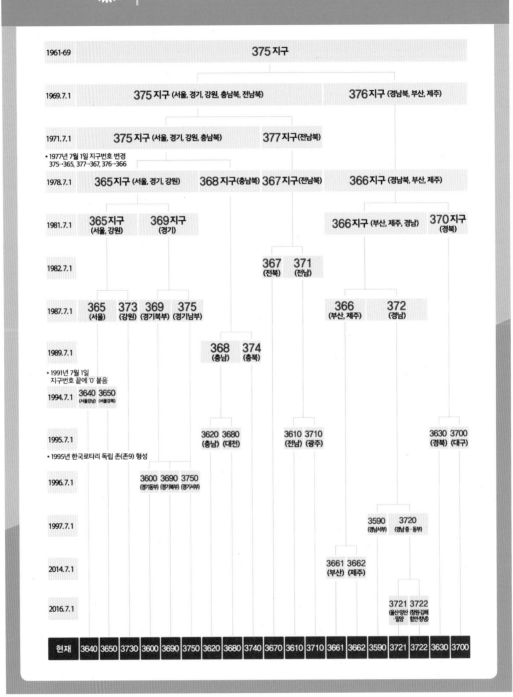

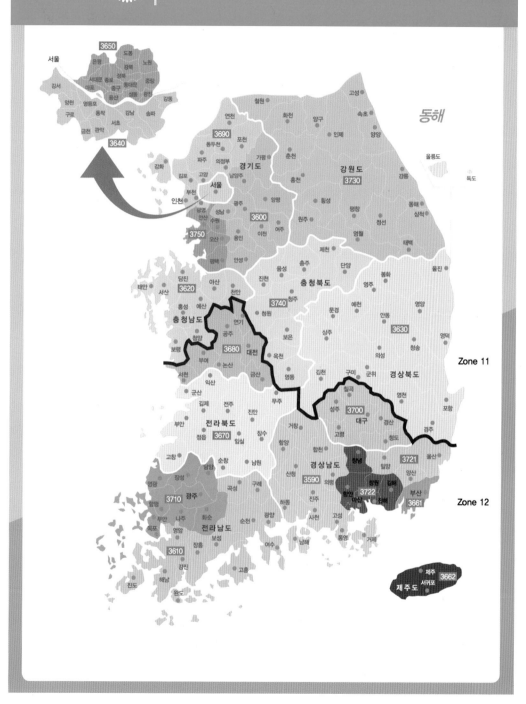

2. 한국로타리의 현황

한국로타리 지구별 클럽 및 회원수 현황

국제로타리 본부 통계 기준 / 2020. 10. 30 기준

지구	클럽수	회원수	평균 회원수
3590	80	3,909	49
3600	91	3,727	41
3610	81	4,225	52
3620	101	3,881	38
3630	128	6,220	49
3640	58	1,213	21
3650	103	2,375	23
3661	88	2,821	32
3662	80	4,166	52
3670	82	4,444	54
3680	85	3,180	37
3690	101	3,150	31
3700	94	3,060	33
3710	88	3,243	37
3721	69	2,312	34
3722	67	2,498	37
3730	83	3,066	37
3740	79	3,072	39
3750	109	3,725	34
합계	1,667	64,287	39

국제로타리통계

로타리국가 및 지역	200개 이상 국가 및 자치령 (More than 200 countries and geographical areas)
지구	523개지구
클럽	36,377
회원	1,195,644
로타랙트	181개국11,029개클럽 (한국: 226개클럽)
인터랙트	145개국15,247개클럽 (한국: 507개클럽)

3. 한국로타리의 총재단

회원 간의 친목을 도모하고 한국 내 각 지구 간의 유대를 강화하여 한국로타리 운동의 발전을 위한 공동 관심사를 토의함을 목적으로 설립하였으며 1986년 외무부에 사단법인 설립 승인을 받은 비영리, 비정치단체로서 2020년 현재 정회원(현총재, 전총재, 차기총재), 준회원(차차기총재, 차차차기총재) 총 367명으로 구성되어 있다.

한국로타리의 핵심 체제로써 역할을 하고 있으며 그 연혁과 내용은 다음과 같다.

사단법인 한국로타리총재단의 모태인 한국로타리연합회는 1959년 서울, 부산, 대구, 한양, 인천, 남서울, 대전, 전주, 남부산 등 9개 클럽이 모여 창립총회를 갖고 초대회장으로 김동성 총재를 선임하였다.

그후 1978년 4개 지구 시대가 되면서 1979년 친목을 목적으로 한국로타리총재단으로 거듭나면서 초대 의장에 오선환 총재를 선임했다.

한국로타리가 날로 확대 발전됨에 따라 한국로타리총재단은 각 지구간의 협조 조정의 강화, 로타리 발전을 위한 사업의 실천 등 새로운 숙제를 안게 되었다. 로타리발전을 위한 출판, 도서 자료의 수집과 관리, 홍보사업의 강화, 각 지구 자료 통계의 종합,

로타리 발전을 위한 세미나, 연수회 개최 등을 시급히 추진해야 할 상황으로써 이의 추진을 위하여 사단법인 설립이 필요하게 되었다.

그리하여 로타리 총재를 역임한 전총재, 현총재, 차기총재를 정회원으로, 차차기총재, 차차차기총재로 지명된 회원을 준회원으로 하여 사단법인으로 조직하여 명실공히 한국로타리의 핵심 체제를 만들었다.

1986년 6월 28일 오재경 총재를 임시 의장으로 하는 사단법인 한국로타리총재단 창립총회를 개최하여 사단법인 한국로타리총재단 정관을 승인하고 각 지구로부터 총재 2명씩을 이사로 선임하고 이사회를 개최하여 정관에 따라 초대 의장에 송인상 총재, 부의장에 허종현, 차남수, 이영호 총재를 선출하고 신응균, 남궁윤 총재를 감사로 선출했다.

이에 1986년 8월 26일 외무부로부터 법인 설립 승인을 받아 비영리, 비정치단체로서 회원 간의 친목을 도모하고 한국 내 각 지구 간의 유대를 강화하여 한국로타리 운동의 발전을 위한 공동 관심사를 토의함을 목적으로 사단법인 한국로타리총재단이 설립 되었다.

총재단은 총회에서 선출된 의장, 부의장, 감사와 각 지구에서 2명(현총재, 추천된 1명)의 이사와 각 산하 법인의 위원장을 당연직 이사로 하여 이사회를 구성한다.

· 총재단 의장

1986-88 송인상	2008-09 정영환
1988-90 최종택, 남궁원	2009-10 한시준
1990-92 김영휘	2010-11 김준택
1992-94 신태호	2011-12 박기성
1994-96 윤대영	2012-13 김석화
1996-98 운영원	2013-14 임효순
1998-00 박종윤	2014-15 권영성
2000-02 팽갑주	2015-16 양장연
2002-04 윤주탁	2016-17 김정삼

2004-05	김백호		2017-18	최병설
2005-06	방 현, 민병준		2018-19	신흥수
2006-07	정진원		2019-20	반추환
2007-08	임창곤		2020-21	전순표

총재단 회의는 1년에 3번 씩 개최하다가 1996-97년도부터 한 회기에 2번 씩 각 지구 순으로 개최하였고, 2004년 이후부터는 정기총회와 임시총회 그리고 신년하례회를 개최하고 있다. 정기총회는 5월, 임시총회는 필요에 따라 개최하고 있다. 총재단 산하 분과위원회를 두어 한국로타리 발전에 기여하고 있다.

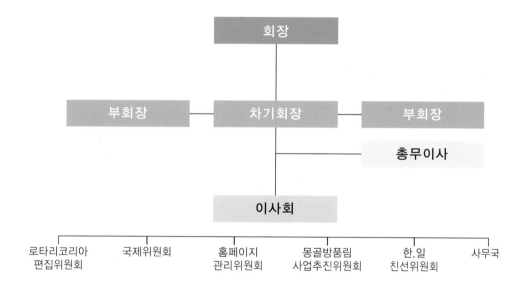

1) 국제위원회

국제위원회가 발족되기 전까지 국제로타리 내 한국로타리의 위상을 높이기 위해 많은 총재들은 개별적으로 자신의 시간과 노력을 아끼지 않았다. 그러나 점점 한국로타리 회원 수 및 지구 수가 증가되고 아울러 국제로타리 내 한국로타리의 위상이 높아지는 상황에서 국제로타리와 국제로타리 임원들과의 관계를 좀 더 체계적으로 조직적으로 처리할 부서가 필요하였다. 그리하여 국제대회 및 기타 여러 국제행사에 참가하는 한국로타리안들의 편의를 돕기 위해 한국로타리총재단 내에 국제 문제를 담당할 부서를 설치해야 한다는 의견이 1994년 6월 24일 한국로타리총재단 정기총회에서 제안되었다. 이 회합에서 참석 총재들의 만장일치로 1994년 7월 1일자로 국제위원회가 발족되었으며, 민병국 총재가 초대 위원장으로 추대되고 위원은 각 지구 전총재 중에서 1명씩 추천받아 구성되었다.

사업 방침

국제위원회와 한국로타리총재단 및 각 지구 총재단의 국제적인 활동 지원과 각종 국제회의, 국제협의회 등에 수반되는 제반 사항에 관한 각종 활동을 지원하고 한국로타리의 위상을 높이는데 그 목적을 둔다.

2) 한일 친선 위원회

1979년 11월 서울에서 개최된 아시아 지역대회 때 한일 친선회의를 정기적으로 개최하자고 양국 지도자 간에 합의하였다. 1981년 7월 한일 친선회의 준비 회의가 서울에서 개최되었고 한국측 오재경 위원장, 일본측 센소시스 위원장으로 하여 차기회의를 일본 교토에서 개최키로 하였다.

이로써 한일 친선회의는 세계적 우의를 통해 국제간의 이해와 친선과 평화를 증진시키는 로타리 강령을 추진하는데 기여하기 위하여 2006. 5. 한국로타리 총재단 2005-06년도 정기총회에서 구성되었다.

4. 재단법인 한국로타리 장학문화재단

사회 일반의 이익에 공여하기 위하여 공익 법인의 설립운영에 관한 법률의 규정에 따라 로타리 정신에 입각하여 대한민국의 발전에 기여할 수 있는 인재의 양성과 문화사업의 조성을 할 것을 목적으로 한다.

1970년 10월 故박동규 전총재의 제의로 1971년 11월 25일 정관 및 세칙을 확정짓고 설립 자본금 1,000만원을 모아서 (재)한국로타리 장학문화재단을 발족하였고 1973년 2월 26일에 문교부 설립등기를 마쳤다. 초대 이사장 박동규 총재는 13년간 이사장으로 재단의 발전을 위해 헌신하였다.

한국로타리 장학문화재단은 사업의 지속성을 확보하기 위한 기반조성에 중점을 두어 모든 기금을 일단 기금으로 적립하고, 그 기금에서 생기는 과실로써 목적사업을 전개하되 우선 국내 영재의 양성에 첫 목표를 두고 국내 학생에 대한 장학금 지급부터 착수토록 하였다.

■ KBS '도전! 골든벨' 지식실크로드 대장정 해외연수 협찬

문화사업 현황

- 재단의 문화사업(2015년 9월)인 KBS '도전! 골든벨'의 해외 역사문화체험('지식실크로드 대장정')을 협찬·지원하고 있다.
- 연수생들이 연수 기간중 현지에서 출제한 글로벌 문제를 8주간에 걸쳐 '도전! 골든벨'의 문제에 포함하여 방영함으로써 한국로타리의 대외홍보와 회원들의 자긍심을 고취하고 있다.
- 문화사업비 집행액 : 11억 9,100만원 (총 8회 연수 실시)

해외연수 현황

구분	일정	연수지역	참가학생 수
1기	2016. 1. 15 ~ 1. 26	남프랑스, 스페인	17명
2기	2016. 7. 22 ~ 8. 1	독일, 오스트리아, 체코	17명
3기	2017. 1. 9 ~ 1. 18	그리스, 이탈리아	29명
4기	2017. 7. 25. ~ 8. 3	독일, 오스트리아, 체코	14명
5기	2018. 1. 26 ~ 2. 5	이탈리아, 스페인	17명
6기	2019. 1. 14 ~ 1. 23	스페인, 프랑스	32명
7기	2019. 7. 22 ~ 8. 1	미국(LA,샌프란시스코)	15명
8기	2020. 1. 13 ~ 1. 22	프랑스, 영국	26명

5. 한국 공식잡지 월간 〈로타리코리아〉

월간 〈로타리코리아〉는 국제로타리에서 승인한 200여 개 로타리 국가에 퍼져있는 32개 지역 한국어 공식잡지로, 매월 국제로타리 지정의 달을 특집으로 기획하고 인종, 정치, 종교, 문화 등을 초월하여 세계평화에 기여하고자 하는 로타리의 이념을 구현하며 그 역할을 다하고 있다. 국제로타리는 세계본부의 〈The Rotarian〉과 24개 언어로 제작, 배포하고 있다.

〈로타리코리아〉 잡지는 타임지판형(207x275mm, 84페이지, 올컬러, 무가지, 중철)으로 매월 6만 3천 부를 제작하여 시카고 로타리 본부와 전 세계 200여 개 로타리 가입 국가, 전국 1,600여 개 로타리클럽 6만 여 로타리 회원과 전국 시·도·구·군청, 교육청, 언론사, 일선 클럽이 스폰서하는 로타랙트클럽(대학교), 인터랙트클럽(중·고등학교)에 발송하고 있다. 미국 시카고 본부의 로타리월드 매거진 프레스(Rotary World Magazine Press)에 한국의 〈로타리코리아〉 잡지도 속해있으며, 전 세계 로타리안들에게 한국을 홍보하고 있다.

아울러 〈로타리코리아〉 잡지는 다양한 독자층을 형성하고 있는 특수성을 지닌 잡지로 직업을 통하여 봉사활동을 펼치는 전국의 한국로타리 6만 여 회원들에게 정보와 뉴스를 제공하고 있다.

월간 〈로타리코리아〉는 지역 로타리안의 구독회비를 통해 운영, 제작되고 있으며, 무가지로 유통된다. 공식 잡지 구독은 로타리안의 3대 의무 가운데 하나로, 연간 1회 납부하며 1인당 13,000원이다. RI 보고 회원 수와 동일하게 클럽에서 일괄 납부하는 것을 원칙으로 한다. 단 상반기(7-12월) 창립 클럽은 하반기 구독회비 1인당 6,500원을 납부하며 차기 연도부터 13,000원을 납부한다. 하반기(1-6월) 창립 클럽은 창립회비 구독회비를 로타리코리아에서 지원하므로 차기연도부터 13,000원을 납부 하면 된다. 창립 시기는 RI 가입 증서를 기준으로 한다.

※ 1961년부터 부정기적으로 발행하던 소식지, 총재월신 성격의 월보를 1963년 10월 31일〈로타리코리아〉제호로 발행한 것이 창간호다. 흑백 잡지로 시작해 1980년대부터 평균 16페이지를 컬러 페이지로 인쇄하다, 2004년부터 잡지 판형을 키우고 올 컬러로 인쇄하기 시작했다.

1) 출판 간행
(1) 월간 〈로타리코리아〉 발행(84페이지, 올컬러, 매월 25일) 및 배포
(2) 월간 〈로타리 코리아〉 합본 제작(회기별 7-6월호) 및 배포

2) 주요 사업
(1) 전국 클럽 주보 콘테스트
전국 각 클럽의 우수 주보를 발굴, 시상해 로타리 홍보와 클럽 발전의 디딤돌이 되는 주보의 제작을 독려하고, 편집 및 제작 기법 향상을 도모하기 위해 1989년부터 전국

클럽 주보 콘테스트를 실시하여 우수 주보 제작 클럽을 표창한다.
 - 대상 : 1,600여 개 클럽, 해당 연도 7-12월, 주 2회 이상 발행 주보
 - 심사 방법 : 각 지구에서 예선을 통과한 주보를 대상으로 로타리 지식/지난 주회
   스케치, 공지사항 등 정보/ 디자인/ 참신한 콘텐츠 등을 고려하여 심사
 - 발표 : 〈로타리코리아〉 4월호
 - 시상 : 각 지구별 지구대회에서 클럽별 대상/금/은/동/장려 상패 수여

(2)로타리코리아 문화상

　지역사회에 로타리를 홍보하고 봉사의 영감을 불러일으키며 동기부여를 하기 위해
2006-07년도부터 로타리코리아 문화상을 제정해 표창한다.
 - 대상 : 1,600여 개 클럽, 6만 여 회원
 - 심사 부문 : 지구홍보(지구)/ 사진 콘테스트(회원)/ 지구기자(회원)/ 로타리 모멘트
   (회원)
 - 심사 방법 : 생생한 봉사 현장 콘텐츠 등으로 로타리 홍보에 앞장서고, 동기 부여
   한 점 등을 고려하여 심사
 - 발표 : 〈로타리코리아〉 4월호
 - 시상 : 각 지구별 지구대회에서 지구/ 회원별 대상/금/은/동/장려 상패 수여

(3)로타리코리아 주보 제작 연수회

 - 매년 차기연도 출범에 앞서 전국 클럽 회장, 총무, 주보위원장 등 실무자를 대상으
   로 연 1회 서울에서 진행했으나, 2015-16년도부터는 지구별 PETS, 지구협의회
   등 연수회에 '클럽 주보 제작' 프로그램을 배정해 로타리코리아가 직접 찾아가 강
   의한다.

(4)로타리코리아 지구기자 제도 운영(각 지구별 1명)

 - 로타리코리아와 긴밀히 소통하여 소재 발굴, 자료 제공, 피드백, 모니터링 등 협업

월간 〈로타리코리아〉 열람 및 다운로드

www.rotarykorea.org 로타리코리아 〉 월간 로타리코리아〉 PDF 다운로드

※ 로타리 로고 및 이미지 다운로드
· 로타리 웹사이트 www.rotary.org 브랜드센터 또는 로타리 이미지
. 로타리코리아 웹하드 www.webhard.co.kr 로그인(ID: rotaryko / PW: rolaryko) 〉
  내리기전용

6. 사단법인 한국로타리 청소년연합 (The Korea Rotary Youth Association)

설립배경

1990년대 초반부터 국내 각 인터랙트클럽에서 활동하는 인터랙트 회원과 지도교사로부터 정부가 부여하는 인센티브 혜택을 받을 수 있게 해달라는 요청이 있었다. 이에 따라 1996년부터 한국로타리 총재단에서 그 필요성을 인정하고 법인 등록 작업에 착수하여 1997년 7월 15일 문화체육부로부터 '한국로타리청소년 인터랙트로 사단법인 등록 승인을 받아 박기억 전총재(D3650)가 초대 이사장으로 취임하였다. 2005년 7월 1일 (사)한국로타리청소년연합으로 개창되었다.

주요활동

1. 로타리 신세대 프로그램 지도자와 지도교사 지식연수 및 교재개발
2. 청소년리더십과 봉사프로젝트 개발
3. 청소년 국제대회 파견과 국제교류 지원
4. 한국로타리 신세대 프로그램 활동 소식지 발간

로타리 *스케치*

부록

나의 **빛깔**과
향기香氣에 알맞은
이름을 불러다오

- 아호유감 雅號有感 -

정 종 희

사람이 살아가는 데 꼭 필요한 것 중의 하나가 이름이다. '호랑이는 죽어서 가죽을 남기고 사람은 죽어서 이름을 남긴다(豹死留皮 人死留名).'라는 속담이 있는 것처럼 사람이 후손들에게 이름을 남긴다는 것은 결코 쉬운 일이 아닐 것이다.

내가 그의 이름을 불러 주기 전에는
그는 다만
하나의 몸짓에 지나지 않았다.

내가 그의 이름을 불러 주었을 때,
그는 나에게로 와서
꽃이 되었다.

내가 그의 이름을 불러 준 것처럼
나의 이 빛깔과 향기에 알맞은
누가 나의 이름을 불러 다오.

그에게로 가서 나도
그의 꽃이 되고 싶다.

우리들은 모두
무엇이 되고 싶다.
너는 나에게 나는 너에게
잊혀지지 않는 하나의 눈짓이 되고 싶다.

'그의 이름을 불러 주었을 때 나에게 와서 꽃이 되었다'고 표현한 김춘수의 시(詩)처럼 아름다운 꽃도 이름을 불러 줄 때 꽃으로서의 존재가치를 인정받게 되는 것이다. 꽃이나 나무도 그러하거니와 사람이 제 역할과 사명을 다하게 하려면 먼저 그에게 어울리는 이름을 지어주고 불러 주어야 한다.

이름은 자신을 대표하는 개성과 고유의 정체성을 나타내는 것이라고 말할 수 있다. 사는 동안은 물론 운명을 다한 뒤에도 기억되는 것으로, 한 사람의 흔적이기도 하다. 출생 이후 본인에 대해 거론되고 불리는 일종의 기호(記號)이기도 하다.

이름은 다른 사람이 나를 부르는 것이다.

이름 명(名)은 저녁 석(夕) + 입구(口)로, 어두워져서 얼굴을 알 수 없으면 이름을 불러야 한다는 뜻이 숨겨져 있다. 다른 사람의 입을 통해서 "소리"가 나오는 것이다. 이것을 파동(波動)이라고 한다. 즉 이 소리의 에너지가 공기를 매개체로 진동시켜서 나의 몸에 부딪히는 것이다. 파장 에너지가 내 몸을 몇 년, 몇십 년을 때리는 것이다. 모든 사람이 내가 듣지 못하는 곳에서도 부른다.

좋은 소리를 계속 들으면 좋은 생각을 하게 되고, 좋은 일이 일어나듯이 이름도 그러할 것이다. 좋은 소리를 계속 들으면 다가가기 쉬운 얼굴이 되고 모든 것이 잘 풀리게 된다고 한다.

옛 기록에 '정명순행(正名順行)'이라 하여 "이름이 바르면 모든 일이 순조롭다"라고 했다. 좋은 이름은 파동(波動)이나 기(氣)가 뇌에 영향을 주면서 좋은 기운을 부르게 한다.

작명은 넘치는 부분은 비우고 부족한 부분은 채우는 자신에게 어울리는 맞춘 옷을 입는 것이다. 이름도 자신의 운에 맞닿아야만 하는 것이다.

아호에 관하여

우리의 선조들은 남의 인격을 존중하고 높여, 그를 상징하는 이름을 함부로 부르지 못하였다. 이러한 경명의식(敬名意識)으로 지위가 낮은 사람이나, 어린 사람이 윗사람이나, 나이 든 사람의 이름을 함부로 부르거나 사용하는 것이 허용되지 않았다. 윗사람은 아랫사람에게 아랫사람은 윗사람에게 함부로 상대의 성명을 부를 수 없었기에 유대와 친밀감으로 서로를 존경하며 귀히 여겨 불러 준 호칭이 바로 아호이다.

호(號)는 편하고 아름답게 표현하여 우아하게 부를 수 있도록 지은 호칭이며 문인, 학자 예술가 또는 서화(書畵) 등에 쓰이는 격을 높여주는 호(號)를 아호라 한다. 어떤 사람들은 아호와 이름을 완전 별개로 사용하기도 하고, 아호와 성명을 같이 사용하는 때도 있다.

호(號)는 개인의 별명처럼 부르는 별칭으로 이름과 달리, 제약 없이 누구나 불러도 되고 존칭 접미사를 붙이지 않아도 결례가 아니다.

우리 나라는 이름보다는 호를 즐겨 썼으며 저술에서는 책명을 본명으로 하는 경우가 없이 호를 사용해서 '○○문집'이니 '○○유고(遺稿)'라고 쓰기도 하였다.

호를 가진다는 것은 아무래도 없는 것보다 운치(韻致)가 있어 보이며, 마음의 여유가 있어 보인다. 호를 부르면 이름을 부르거나 자를 부르기보다 상대방을 호칭(呼稱)할 때의 부담이 적고 어딘가 멋이 있어 보인다.

자기 자신의 호(號)는 자호(自號)라고 하며 다른 사람의 호나 특히 존경하는 윗사람의 호는 호라고 하면 실례가 되고 아호(雅號)라고 한다. 자기 자신의 호를 아호(雅號)라고 하는 것은 자기의 호를 자신이 높이는 것이 되므로 실례가 되는 것이다. 즉, "선생님의 아호(雅號)는 무엇입니까?" "제 호(號)는 ○○입니다."와 같이 써야 한다.

자신이 호를 이름을 대신하여 쓴다고 하면 겸양의 미를 나타내는 것이지만 남이 불러 줄 때는 이름을 부르기보다는 호를 부름으로 격상(格上)시키는 의미가 있다. 그러므로 통성명 시에는 자신의 호를 칭하여 자호(自號) 함이 좋지 않으므로 반드시 이름으로 자신을 소개함이 좋을 것이다. 그러나 남의 호를 불러 준다는 것은 상대방을 존(尊)하여 부르는 의미이므로 윗분이나 아랫사람이나 널리 이용하여 불러 주는 것이 좋다고 본다.

우리 나라에서 호(號)를 맨 처음 사용한 사람은 신라 때 김유신이며 용화향도(龍華香徒)라는 호를 사용하였다. 호를 가장 여러 개 사용한 사람은 명필로 유명한 조선 후기의 김정희(金正喜)라 한다. 청년 시절에 호가 백 개도 넘어 백호당이라는 호가 생겼고 평생 사용한 호는 503개이었다고 전해진다. 김정희가 많은 호를 사용한 것은 시·서·화에 두루 능하였던 예술인이었기 때문인 것으로 생각되는데, 그중에서 우리에게 잘 알려진 것으로는 추사(秋史), 완당(阮堂), 예당(禮堂) 등으로서 유·불·도 삼교 사상을 망라하는 호를 사용하였다.

아호는 흔히 스승이나 어른이 지어주는 경우와 스스로 짓기도 한다. 대부분의 아호는 겸손을 미덕으로 하여 높고 고귀한 문자보다는 소박하고 정감이 있는 문자를 많이 사용하는데 그 이유는 바로 자신을 낮추는 겸손함에 있다.

사회생활을 하는 성인으로서 부르기 쉽고 듣기 좋아서 울려서 퍼지는 소노리티(Sonority)가 좋은 아호(雅號)를 짓는다면 본명의 부족한 기운을 보충함이기에 개운(開運)을 위한 자연스러운 일이라 할 수 있다.

호를 짓는 것은 그 사람의 인품이나 자질에서 호를 가질 만한 사항을 들어 호를 짓는다. 이름과 달리 좋은 문장, 자연물, 사는 곳, 산, 사람의 성격 등을 고려해서 짓는데, 대부분이 거처하는 곳이나 인생의 목표, 좋아하는 물건을 대상으로 한 경우가 많다. 따라서 거처하는 곳이 바뀜에 따라 호가 달리 사용되기도 했으며, 좋아하는 물건이 여럿이면 호는 늘어나기도 하였다.

호(號)를 짓는데는 일정한 규정이 있는 것은 아니다. 선현들이 호를 지었던 방법들을 모아 보면 뜻이 있는 문자를 사용해 인생관이나 좌우명 그리고 신념 등을 알 수 있게 하고, 본인의 소망 취미 적성 성격 직업에 알맞은 문자를 고려하며 이름과 마찬가지로 부르기 쉽고 듣기 좋아서 울려서 퍼지는 소노리티(Sonority)가 좋아야 하며 이름과 아호 자체의 서로 상극되는 경우를 피해 길게 하고 겸손을 미덕으로 하여 높고 고귀한 문자보다는 소박하고 정감이 있는 겸손한 문자를 사용하였다.

이로 보면 대략 호 짓는 규정은 사주(四柱)에 의해서가 아니라 이러한 작법 아래 소재를 선택하여 지으면 된다. 개인의 성격과 직업에 따라서 소재를 변화시킬 수 있다.

가끔은 아호를 작명소에서 오행설에 근거해 작호비(作號費)를 주고 지어오는 사람이 있다. 물론 미리 의논도 없이 이루어지는 일이기는 하지만 작명을 할 때 성명철학이 작용해서 아마 길호(吉號)를 지어주지 않을까 기대하는 심리

가 작용했던 것 같다. 부언하지만 호는 사주나 오행의 음양 철학으로 짓지 않아도 된다.

선인들은 자신의 호에 대하여 설명한 변(辯)이나 기(記)를 짓기도 하였고, 남의 호를 지어줄 때는 그 글자의 출전이나 뜻을 밝힌 글을 아울러 주기도 하였다. 이러한 글을 호변(號辯) 또는 호기(號記)라 한다.

호(號)에는 각자의 인생관이나 수양하여 도달하고자 하는 목표가 함축되어 있으므로 호를 통하여 그 인물의 인품이나 인생관 등도 알 수 있다.

우리도 선인들의 이러한 생활 태도를 본받아 좋은 뜻을 함축하고 있는 호를 짓고, 상대방을 높이고 인격을 존중하는 뜻으로 서로의 칭호를 호로 불러 주며, 각자가 호의 뜻에 걸맞게 생활하고자 한다면 각자의 인품이 더욱 원숙해지고 사회는 더욱 밝아질 것이다.

국제로타리

로타리클럽 회원들은 아호를 사용한다. 1905년 2월 23일 로타리의 창시자 폴 해리스 외 3명이 첫 모임을 사무실에서 가진 후, 다섯 번째 모임에서부터 우정을 돈독히 하기 위해 회원끼리 직함이나 존칭 대신 이름이나 별명을 부르기도 하였다. 이것이 한국으로 건너오면서 아호가 대신하게 되었는데, 이것이 바로 로타리 아호(雅號)의 효시(嚆矢)라고 할 수 있다.

아호는 또 다른 나의 이름이다. 그러므로 로타리 회원들이 그에게 알맞은 아호(雅號)를 불러 준다는 것은 그가 로타리 사회에서 정식 회원이 되었음을 공인(公認)하는 증표라 할 수 있겠다. 로타리 안에서 나의 호를 가지게 되고 나의 호로 이름을 불린다는 것은 국제로타리의 일원이 되었다는 소속감을 가슴 뿌듯하게 느끼게 해 줄 것이다. 아호를 통하여 나의 존재가치를 인정받고, 회원들이 기억해주고 있다는 것만으로 로타리안이 된 것에 자부심을 가질 것이며, 자신의 상징인 이름이 함축하고 있는 뜻을 생각하며 이에 부합하도록 처신하고자 노력하고 겸손하게 살아가야 할 것이다.

로타리안 대부분은 사업과 전문직업인으로 회장, 대표이사, 단체장 등 사회적 호칭이 있지만 로타리클럽 회원으로 가입이 되면 되도록 아호를 짓고 부르도록 하여야 한다.

로타리안이 되어 자신에게 알맞은, 의미있게 지은 아호를 서로 불러주며 존중하는 마음으로 로타리 활동을 이어가길 바라며 아직도 호를 사용하고 있지 않은 회원이 있다면 이 기회에 자기만의 가치를 지닌 멋진 아호를 가져보기를 권장해본다.

■ 참고문헌

『시(詩)와 도자(陶磁)』, 김상옥(金相沃), 아자방(亞字房), 1975. 『한국인명자호사전(韓國人名字號辭典)』, 이두희(李斗熙) 외, 계명문화사(啓明文化社), 1988. 『(개정증보판)국사대사전』, 류홍렬 감수, 교육도서, 1989. 『추사선생아호집(秋史先生雅號集)을 내면서』, 오제봉(吳濟峯), 갈숲 27, 갈숲 동인회(同人會), 1989. 『한국인(韓國人)의 자호연구(字號研究)』, 강헌규(姜憲圭), 신용호(申用浩), 계명문화사(啓明文化社). 1990. 『한국인(韓國人)의 호(號) 사전』, 지성용, 고연(古研), 2016. 『한국인의 자·호 연구』, 신용호외 공저. 『한국아호대사전(韓國雅號大辭典)』, 황충기, 네이버 백과사전.

로타리 용어

공식명부	국제로타리 및 로타리재단 이사회, 양측 위원회 구성원에 대한 정보와 함께 존, 동창회, 로타리 동호회, 로타리안 액션 그룹의 명부가 수록된 출판물. 온라인 버전에는 전세계 3만 6,000여 클럽들의 연락 정보가 포함된다.
국제로타리(RI) Rotary International	로타리재단을 제외한 로타리 전체를 지칭하는 명칭
규정심의회(COL) Council on Legislation	국제로타리의 입법기관. 로타리의 520여 개 지구를 대표하는 대의원들이 모여 전세계 클럽들에 영향을 미치는 로타리 정책에 대해 심의, 표결하는 기구. 매 3년마다 클럽, 지구대회, RI이사회가 제출한 제정안과 결의안을 심의한다.
로타랙트 클럽 Rotaract Club	세계 각지의 대학교와 지역사회를 중심으로 봉사 활동을 실시하고 리더십 및 전문기술을 함양하여 즐거움도 함께 누리는 18-30세 젊은이들의 클럽. 로타랙트클럽은 로타리클럽에 의해 스폰서되나, 그 운영과 재정은 로타랙터들이 독립적으로 관리한다.
인터랙트 클럽 Interact Club	지역사회나 학교를 기반으로 14-18세의 청소년에게 연결과 봉사의 기회를 제공하는 클럽. 또래들과 봉사활동에 나서 재미와 보람을 얻고, 국제적인 경험을 쌓을 수 있다. 인터랙트클럽은 로타리클럽에 의해 스폰서된다.

로타리 가족	로타리 활동의 영향이 미치는 비로타리안들을 포함하는 포괄적인 개념. 로타리, 로타랙트, 인터랙트 회원은 물론 로타리 프로그램 전 참가자와 프로젝트 수혜자들을 포함한다.
지구 District	국제로타리 관리상 설정된 일단의 클럽들이 소재하는 일정한 지역에 대한 명칭
클럽이사회 Board of Directors	클럽 세칙의 규정에 의해 구성된 클럽의 관리기구
클럽협의회 Club Assembly	클럽의 사업계획 및 활동에 관하여 협의하기 위하여 클럽 임원, 이사 및 각 위원회 위원장의 회합
로타리 공공이미지 코디네이터(RPIC) Rotary Public Image Coordinator	홍보, 언론, 커뮤니케이션 분야의 전문성을 갖춘 지역리더로 클럽들에게 공공이미지 강화와 관련된 조언을 제공한다. RI 회장이 임명한다. * RPIC는 RI 이사와 RC 그리고 RRFC와 긴밀히 협력하여 지구와 클럽이 로타리 공공이미지를 강화하도록 돕는다.
로타리 국제대회 Convention	매년 다른 도시에서 개최되는 로타리 연도 최대의 행사. 로타리의 업적을 축하하고, 최신 소식과 감동적인 스토리를 공유하며, 로타리에 대해 자세히 배우는 자리이다.
로타리 표어 Rotary Theme	매년 RI 회장이 발표하는 로타리 메시지. 표어는 매 로타리 연도 동안 봉사를 실천하는데 있어 가장 중요하다.
로타리 글로벌 리워드 Rotary Global Rewards	로타리안과 로타랙터들에게 엔터테인먼트, 여행, 비즈니스 서비스, 보험, 레스토랑, 쇼핑 등 다양한 분야에 걸친 할인 혜택을 제공하는 회원 특전 프로그램. 로타리안이라면 누구나 자신이 운영하는 업체의 특전을 추가할 수 있다.

로타리 동창	인터랙트, 로타랙트, 로타리 청소년교환, 신세대 봉사교환, 라일라(RYLA), 로타리평화펠로우십, 로타리장학금(글로벌장학금이나 지구보조금 지원), 직업연수팀 등의 로타리 프로그램에 참여한 사람들에 대한 통칭
로타리 동호회	취미나 직업분야를 중심으로 활동하는 국제적인 친목단체. 국제 스키 동호회 등 다양한 동호회가 활동하고 있다.
로타리 시니어 리더	현임, 차기 및 전임 RI 회장, RI 이사, 로타리재단 이사에 대한 통칭
로타리안	로타리클럽의 정회원
로타리안 액션 그룹(RAG) Rotary Action Group	로타리안과 그 가족, 로타리 프로그램 참가자 및 동창 중 특정 분야의 전문가들로 구성된 독립적인 단체. 미소금융, 수자원 및 위생 등 다양한 분야를 망라하며, 클럽과 지구에게 봉사 프로젝트를 위한 조언을 제공한다.
로타리 연도	7월 1일에서 6월 30일까지의 1년
로타리 우정교환	로타리 회원과 그 배우자 그리고 비로타리안들을 위한 해외 교환 프로그램으로, 비용은 참가자들이 자체적으로 충당한다.

로타리재단(TRF) **The Rotary Foundation**	소아마비 퇴치와 세계평화 증진을 목표로 하는 로타리의 자선단체. 인도주의 및 교육 지원 활동을 위해 설립되었으며, 로타리안과 후원자들의 자발적인 기부로 운영된다. 소아마비 퇴치, 보조금을 통한 프로젝트지원, 글로벌 차원의 인도주의 이니셔티브 등 다방면의 활동을 펼친다. 1917년 6대 RI 회장 아치 C. 클럼프에 의해서 전세계적인 규모로 자선, 교육, 기타 지역사회 발전에 관한 분야에서 무엇인가 유익한 일을 할 목적으로 「로타리 기금」의 창시를 제안하여 시작하게 되었다.
로타리재단 이사	로타리재단 이사회의 구성원으로, RI 차기회장이 임명한다.
로타리재단 **지역 코디네이터(RRFC)** **Regional Rotary** **Foundation Coordinator**	로타리재단 보조금을 지원, 홍보하고 폴리오플러스, 로타리 평화 센터 등의 재단 프로그램을 위한 기금조성에 힘쓰는 지역리더
로타리 지역사회 봉사단 **(RCC)** **Rotary Community** **Corps**	봉사에 대한 헌신을 공유한 비로타리안들의 단체로, 소속 지역사회에서 프로젝트를 자체적으로 기획, 실시하고 인근 로타리클럽의 프로젝트를 지원한다.
로타리 청소년 **리더십 어워즈(RYLA)** **Rotary Youth** **Leadership Awards**	클럽, 지구 혹은 다지구가 개최하는 청소년 및 젊은 성인들을 위한 리더십 개발 프로그램 한국에서는 '라일라'라는 약어로 더 잘 알려져 있다.

로타리 코디네이터(RC) **Rotary Coordinator**	클럽 회원 수 증가 및 참여 증진을 위해 각종 지원과 실용적인 전략을 제공하는 지역리더. RI 회장이 임명한다.
로타리 표창	해마다 RI 회장이 제시한 일련의 목표를 달성한 클럽들에게 수여되는 표창
창립회원 **Charter Member**	로타리클럽의 창립회원. 즉 국제로타리로부터 가입승인을 받기 전에 클럽회원으로 뽑힌 회원
명예회원 **Honorary Member**	'명예 로타리안'이라고도 불리며, 어느 로타리클럽의 정기 모임에도 참여할 수 있으나 입회비나 회비를 내지 않으며 투표에 참여하거나 클럽 임원이 될 수 없다. 클럽은 인도주의 활동을 비롯한 다양한 방식으로 로타리의 가치를 훌륭히 구현해 낸 이를 명예회원으로 추대할 수 있다. 명예회원의 자격은 6월 30일에 끝나지만 결의에 의해 매년 계속 주어질 수도 있다.
사무국	국제로타리 세계본부와 세계 각지의 지국에서 일하는 로타리를 지원. 사무총장이 지휘하며 국제로타리와 로타리재단의 업무를 수행한다.
사무총장	사무국의 수장으로 국제로타리 세계본부 및 해외 지국의 모든 직원들을 진두지휘한다.
쉐어 **SHARE**	로타리재단에 대한 기부금이 보조금을 비롯한 재단프로그램 기금으로 전환되도록 하는 투자 및 운용 시스템

RI 이사	2년 임기로 선출되어 RI 이사회에 참여하는 로타리안. 각 이사는 소속 존 내 클럽들에 의해 지명되어 국제대회에서 전세계 클럽들에 의해 공식 선출된다. 이러한 절차를 통해 각 이사는 로타리 관리에 있어 세계 모든 클럽들을 대표하게 된다.
RI 차기회장	다음 연도에 로타리 전체의 회장 역할을 수행하도록 선출된 로타리안
RI 회장	1년의 임기로 선출되어 로타리 전체에 대한 수장 역할을 수행하는 로타리안
앤드폴리오나우 존 코디네이터(EPNZC) Endpolio Now Zone Coordinator	지역 단위의 소아마비 퇴치 활동에 대한 인적자원으로 활약하는 현지 리더
영국 및 아일랜드 국제로타리(RIBI)	RI 정관에 규정된 바에 따라 운영되는 국제로타리의 독립적인 단위
인다우먼트/고액기부 어드바이저(E/MGA)	고액기부와 인다우먼트 기금 관련 사안에 대한 전문가로 활약하는 지역리더
절차 요람	로타리의 정책 및 절차를 간추린 참고문헌 매 3년마다 규정심의회 개최 후 개정된다.
정관문서	로타리의 조직 및 체계를 규정한 RI 정관, RI 세칙, 표준 로타리클럽 정관 등 3개 문헌을 지칭. 정관문서는 규정심의회에 의해서만 개정될 수 있다.

정족수	투표를 실시하는데 필요한 최소한의 참석자 수. 권장 로타리클럽 세칙에 따르면, 클럽이 내리는 결정에는 전체 회원의 3분의 1, 클럽 이사회가 내리는 결정에는 전체 이사의 과반수가 정족수로 권장된다.
정회원 Active Member	직업 또는 전문분야에 따른 직업분류하에 선출된 클럽 회원. RI 정관 및 세칙에 규정된 정회원으로서의 모든 의무와 책임 및 혜택을 부여받는다.
출석보전 Make-up	클럽의 주회에 출석하지 못하는 경우 자신의 회원 자격을 보호하고 출석을 인정받을 수 있는 방법. 결석한 전후 1주일 이내에 다른 로타리클럽의 정기모임에 참석함으로써 결석을 보전할 수 있다. 그의 출석 보전은 내방클럽 총무가 "내방로타리안 보고서"를 통해 클럽에 보고한다.
클럽 지도부 재편성 계획(CLP) Club Leadership Plan	2006-07년도부터 권장에서 의무 적용으로 정책이 변경되었음. 각 클럽은 5대 상임위원회 (회원위원회, 홍보위원회, 클럽관리위원회, 봉사프로젝트 위원회, 로타리재단 위원회)를 둘 수 있으며, 각 클럽의 특성에 따라 특별 위원회를 설치할 수 있다.

존 **Zone**	RI 세칙으로 확립되고 RI 이사회가 정의하는 클럽들의 구성 단위. 국제로타리 회장 지명위원회 위원의 선출과 RI 이사 지명을 목적으로 한다.
지구대회 **District Conference**	지구가 한 해 동안 일군 성과를 축하하고 지구 전체에 관한 결정을 내리는 연례 회의. 지구 회원 누구나 참가할 수 있다.
지구 로타리재단 위원장 **(DRFC)**	지구 클럽들을 대상으로 로타리재단에 대해 교육하고 재단 활동 및 프로그램을 지원하도록 독려하는 일을 맡은 위원회의 수장
지구 멤버십 위원회	지구의 회원증강 전략을 개발하고 지구 클럽들이 이를 실행하도록 지원하는 위원회
지역연수협의회 **Distrct Training** **Assembly**	차기 클럽리더들이 임기 수행을 위한 지식과 기술을 연마하는 연례 연수회
지구지정기금(DDF) **District Designated** **Fund**	지구가 프로젝트 기금을 충당하는데 사용되는 기금. 지구가 3년 전에 '연차기금-쉐어'명목으로 기부한 금액의 50%와 '인다우먼트 기금-쉐어'명목으로 기부한 금액에서 창출된 가용수익의 50%로 이루어진다.
지구총재(DG) **District Governor**	지구팀과 협력해 지구를 관리하고 이끌어가는 RI 임원. 클럽들에게 동기를 부여하고 연수를 제공하며, 각종 자원과 연결되도록 지원한다.

지역리더	로타리재단 지역 코디네이터(RRFC), 로타리 코디네이터(RC), 로타리 공공이미지 코디네이터(RPIC), 인다우먼트/고액기부 어드바이저(E/MGA)의 통칭
직업연수팀	지역사회 개선을 위한 역량 구축을 목적으로, 해외를 방문해 특정 분야의 기술을 배우거나 가르치는 전문인 그룹
차기총재(DGE) District Governor Elect	다음 로타리연도에 지구총재로 취임하는 로타리안
차기총재 연수회(GETS) Governor Elect Training Seminar	차기총재들이 지역리더팀에 의해 임기 수행을 위한 연수를 받는 연례 연수 행사
차기회장 연수회(PETS) President-Elect Training Seminar	차기 클럽 회장들이 임무와 책임사항에 대한 연수를 받는 지구 차원의 연수회
지구협의회 District Assembly	한 지구에서 차기 클럽회장과 총재 그리고 기타 클럽지도자들의 모임. 이 협의회는 지역과 지구의 계획 및 목적을 함께 다룰 수 있는 기회를 제공하는 것은 물론, 로타리 지식과 교육 프로그램을 제공한다.

차차기총재(DGN) **District Governor** **Nominee**	다다음 로타리 연도의 지구총재로 지명된 로타리안. 지구는 임기 시작으로부터 24개월 전에 지구총재를 지명해야 한다. 이렇게 지명된 사람은 임기 연도 전전해 동안 '차차기총재'혹은 '총재 피지명자'라 불리며, 이듬해에 임기를 앞두고 정식 선출되어 '차기총재'혹은 '총재 피선출자'가 된다.
초점분야	로타리가 인도주의 활동을 집중하는 분야로 평화 및 분쟁 예방/해결, 질병 예방 및 치료, 수자원 및 위생, 모자보건, 기본 교육과 문해력, 경제 및 지역사회 개발을 망라한다.
클럽 및 지구 지원팀 **(CDS)**	특정 지역에 대한 전문성을 기반으로 회원 지원, 연수, 로타리 정책 및 절차 관련 업무를 수행하는 로타리 사무국 팀
폴리오플러스 **PolioPlus**	국제로타리가 대대적인 면역 캠페인을 통해 지구 상에서 소아마비를 퇴치하는 것을 목적으로 1985년에 발족한 질병 퇴치 프로그램
폴 해리스 소사이어티 **(PHS)** **Paul Harris Society** **Member**	매년 로타리재단의 연차기금, 폴리오플러스 기금 혹은 승인된 재단 보조금에 미화 1,000달러 이상을 기부하기로 약정한 회원들로 구성된 후원회
폴 해리스 펠로우(PHF) **Paul Harris Fellow**	로타리재단의 연차기금, 폴리오플러스 기금 혹은 승인된 재단보조금에 미화 1,000달러 이상을 기부한 이. 폴 해리스 펠로우에게는 메달과 핀 그리고 표창장이 수여된다.

로타리 용어

로타리 클럽

로타리클럽	Rotary Club(RC)
로타리클럽 정관	Constitution of RC
로타리클럽 세칙	Bylaws of RC
클럽 가입증서	Club Charter
정기모임/주회	Club Meeting(Regular Meeting/Weekly Meetings)
주회 날짜 및 장소	Meetings day & Place
초대회장	Charter President (Ch.P)
회 원	Member
창립회원	Charter Member
정회원	Active Member
명예회원	Honorary Member
클럽 임원	Club Officer
이 사	Director
클럽 회장	President of Club
차기 회장	President-Elect
차차기 회장	President-Nominee
전회장	Past President
부회장	Vice President
총 무	Secretary
재 무	Treasurer
사 찰	Sergeant-At-Arms
회원(멤버십) 위원회	Membership Committee
클럽관리 위원회	Club Administration Committee
봉사프로젝트 위원회	Service Projects Committee
홍보(공공이미지) 위원회	Public Relation Committee
로타리재단 위원회	Rotary Foundation Committee

로타랙트 클럽	Rotaract Club(RAC)
인터랙트 클럽	Interact Club(IAC)
리틀랙트 클럽	Littlact Club(LAC)
이사회	Board of Directors
연차총회	Annual Meeting
합동주회	Multi-Club Meeting
직장주회	Vocalional Weekly Meeting
클럽협의회	Club Assembly
지명위원회	Nominating Committee
출석보전	Make-Up
출석보고서	Attendance Report
클럽 지도부 재편성 계획	Club Leadership Plan(CLP)

로타리 지구

지 구	District
총 재	District Governor(DG)
차기총재	District Governor-Elect(DGE)
차차기 총재	District Governor-Nominee(DGN)
전 총재	Past District Governor(PDG)
직전총재	Immediate past Governor
지구 트레이너	District Trainer
총재지역대표	Assistant District Governor
총재특별대표/ 신생클럽어드바이저	District Governor's Special Representative/ New Club Advisor
사무총장	District Secretary
지구재무	District Treasurer
기획위원장	Planning Committee Chairman
사무차장	District Deputy Secretary
지구 연수위원회	District Training Committee

지구 회원증강위원회	District Membership Development Committee
지구 확대위원회	District Extension Committee
지구 재정위원회	District Finance Committee
지구 홍보(공공이미지)위원회	District Public Relations Committee
지구 로타리재단위원회	District Rotary Foundation Committee
지구 RI프로그램위원회	District RI Program Committee
RI국제대회 참가촉진위원회	RI Convention Promotion Committee
지구 로타랙트위원회	District Rotaract Committee
지구 인터랙트위원회	District Interact Committee
라일라 위원회	RYLA(Rotary Youth Leadership Awards) Committee
지구 표창위원회(위원장)	Commendation Committee (Chairman)
총재월신	Governor's Monthly Letter
총재 공식방문	Governor's Official Visit
지구팀연수회	District Team Training Seminar
지구 지도부 연수회	District Leadership Seminar
차기회장 연수회	Presidents-Elect Training Seminar(PETS)
지구 연수 협의회	District Training Assembly
지구 로타리재단 세미나	District Rotary Foundation Seminar
지구대회	District Conference
지구대회 위원회	District Conference Committee
지구대회 대회장	District Conference Committee Chairman
지구대회 준비위원장	District Conference Preparation Committee Chairman
국제청소년교환	Youth Exchange
로타리 우정교환	Rotary Friendship Exchange
지구지도부 재편성 계획	District Leadership Plan(DLP)

국제로타리

국제로타리	Rotary International(RI)
국제로타리 정관	Constitution of RI
국제로타리 세칙	Bylaws of RI
국제로타리 회장	President of RI
차기회장	President-Elect of RI
차차기 회장(피지명자)	President-Nominee of RI
직전회장	Immediately Past President (Imm. PP)
전회장	Past President (PP)
초대회장	Charter President (Ch.P)
이사회	Board of Directors
이 사	Director
차기이사	Director-Elect
차차기 이사(피지명자)	Director-Nominee
사무총장	General Secretary
회장대리	President's Representative
국제대회	International Convention
국제협의회	International Assembly
국제연수회	International Institute
심의회	Council
규정심의회	Council on Legislation
결의심의회	Council on Resolution
존 로타리 연수회	Zone Rotary Institute
차기총재 연수회	Governor-Elect Training Seminar(GETS)
로타리 공식잡지	The Rotarian
로타리 세계신문	Rotary World
지대/지역	Zone/Region
공식명부	Official Directory
초아의 봉사상	Service Above Self Awards
4대 봉사부문 봉사상	The 4 Avenues of Service Citation

의미있는 업적상	Significant Achievement Awards
세계 이해상	World Understanding Awards
절차요람	Manual of Procedure
로타리 정책 규약집	Code of Policies, Rotary
로타리의 목적	Object of Rotary
네 가지 표준	The Four-Way Test
국제대회 대의원	Delegate
교체대의원	Alternate Delegate
로타리 휘장	Emblem, Rotary
로타리 코디네이트	Rotary Coordinator(RC)
로타리공공이미지 코디네이터	Rotary Public Image Coordinator(RPIC)
엔드폴리오나우 존 코디네이터	Endpolio Now Zone Coordinator(EPNZC)

로타리 재단

로타리 재단	The Rotary Foundation(TRF)
로타리재단 관리위원	Trustees
지역로타리재단 코디네이터	Regional Rotary Foundation Coordinator(RRFC)
지구 로타리재단 위원회	District Rotary Foundation Committee(DRFC)
보조금 소위원회	Grants Subcommittee
로타리재단 프로그램	Rotary Foundation Program
교육 프로그램	Educational Program
인도주의 프로그램	Humanitarian Program
로타리 국제관계 연구센터	Rotary Centers for International
상응보조금	Matching Grants
지구 보조금	District Simplified Grant
글로벌 보조금	Global Grants
폴리오플러스 프로그램	PolioPlus Program

폴리오플러스 파트너프로그램	PolioPlus Parters Program(PPP)
세계 사회봉사	World Community Service(WCS)
연차 기부	Annual Giving
연차 기금	Annual Fund(AF)
고액 기부	Major Gifts
고액 기부자	Major Donor
폴 해리스 휄로우	Paul Harris Fellow(PHF)
복수 폴 해리스 휄로우	Multiple Paul Harris Fellow
폴 해리스 소사이어티	Paul Harris Society(PHS)
아치 클럼프 소사이어티	AKS
베네휔터	Benefactor(BNF)
로타리재단 후원회 회원	Rotary Foundation Sustaining Member(RFSM)
유증회 회원	Bequest Society Member
전회원 폴 해리스 휄로우 클럽 배너(클럽)	100% PHF Club Banner
로타리안에 대한 봉사상	Service Awards for Rotarians
재단 동창	Foundation Alumni
쉐어 제도	The Share System
지구 지정 기금	District Designated Fund(DDF)
세계 기금	World Fund(WF)
지구 쉐어 배당	District Share Allocation
인다우먼트 기금	Endowment Fund
인다우먼트/고액기부 어드바이저	Endowment/Major Gift Adviser

표준 로타리클럽 정관

<u>   </u>로타리클럽 정관

제1조 정의

1. 이사회: 본 클럽의 이사회
2. 세칙: 본 클럽의 세칙
3. 이사: 본 클럽 이사회의 이사
4. 회원: 본 클럽 명예회원 이외의 회원
5. RI: 국제로타리(Rotary International)
6. 위성클럽: 스폰서 클럽의 회원들이 동시에 회원으로 소속된 잠재적 클럽(해당될 경우)
7. 서면: 전송 방식에 관계없이 문서화가 가능한 의사소통
8. 연도: 7월 1일부터 시작되는 12개월의 기간

제2조 명칭

본 조직의 명칭은

<u>   </u> 로타리클럽이라고 한다.

.   (국제로타리 회원)

(본) 클럽의 위성클럽의 명칭은

<u>   </u>로타리 위성클럽이라고 한다.

        (로타리클럽의 위성클럽)

제3조 클럽의 목적

본 클럽의 목적은 다음과 같다:

  (가) 로타리 목적의 추구

  (나) 5대 봉사부문에 기초한 봉사 프로젝트의 성공적 수행

  (다) 멤버십 강화를 통해 로타리의 발전에 기여

  (라) 로타리재단 지원

  (마) 클럽 차원을 넘어 로타리에 봉사할 지도자 육성

제4조 소재지

본 클럽의 소재지는 다음과 같다:＿＿＿＿＿＿＿＿＿＿＿＿＿＿＿＿＿

위성클럽은 스폰서 클럽의 소재지와 동일한 지역 또는 그 주변 지역에 위치해야 한다.

제5조 로타리의 목적

로타리의 목적은 봉사의 이상을 모든 가치 있는 활동의 기초로 발전시키고 증진하는 것으로, 특히 다음을 북돋는 데 있다:

  첫째, 사람 간의 교류를 봉사의 기회로서 넓히고 함양한다.

  둘째, 사업과 직업에서의 도덕적 수준을 높이고, 모든 유익한 직업의 가치를 인식하며, 로타리안 개개인의 직업을 사회에 봉사할 소중한 기회로 삼는다.

  셋째, 로타리안 각자의 개인 생활, 직업 활동 및 사회 생활에서 봉사의 이상을 실천한다.

  넷째, 봉사의 이상으로 맺어진 사업 및 직업인의 범세계적인 우정을 바탕으로 국제적인 이해와 친선 그리고 평화를 증진한다.

제6조 5대 봉사

로타리의 5대 봉사는 로타리클럽 활동의 철학과 실질적인 골격을 이룬다.

1. 클럽봉사, 첫 번째 봉사 부문으로, 클럽이 성공적으로 기능할 수 있도록 회원이 클럽 내에서 해야 하는 활동을 말한다.

2. 직업봉사, 두 번째 봉사 부문으로, 사업과 직업의 도덕적 수준을 높이고, 모든 유익한 직업의 진가를 인식하며, 모든 직업에서 봉사의 이상을 실천하는 것을 목적으로 한다. 회원의 역할은 개인 생활이나 직장 생활에서 로타리의 원칙에 따라 생활하고 사회적 문제와 필요에 대처하기 위해 클럽이 개발한 프로젝트에 자신의 직업 기술을 기여하는 것을 포함한다.

3. 사회봉사, 세 번째 봉사 부문으로, 클럽이 속한 지역사회 주민들의 생활 향상을 위해 펼치는 클럽 회원들의 다양한 활동을 말하며, 경우에 따라서는 다른 사람들과 함께 이 활동을 펼치기도 한다.

4. 국제봉사, 네 번째 봉사 부문으로, 다른 나라 사람들을 돕기 위한 클럽의 모든 활동과 프로젝트를 포함하며, 이를 위한 서신 연락이나 독서를 통해, 그 나라의 국민과 문화, 관습, 성취, 염원, 문제 등에 익숙해짐으로써, 국제 이해와 선의 그리고 평화를 증진하는 활동을 말한다.

5. 청소년 봉사, 다섯 번째 봉사 부문으로, 리더십 개발 활동과 국내외 봉사 프로젝트, 세계 평화 및 이해 증진을 위한 교환 프로그램 등을 통해 청소년들과 젊은 성인들이 불러일으키는 긍정적인 변화를 추구한다.

제7조 모임

제1항 — 정기모임

(가) 요일 및 시간. 본 클럽은 매주 세칙에 정해진 요일과 시간에 정기모임을 갖는다.

(나) 모임 방식. 회원은 대면 모임, 전화 회의, 온라인 모임 또는 온라인 인터랙티브 활동의 방식으로 출석할 수 있다. 인터랙티브 모임의 경우 인터랙티브 활동이 온라인에 게재된 요일에 개최되는 것으로 간주한다.

(다) 일정 변경. 정당한 사유가 있는 경우, 이사회는 정기모임을 이전 정기모임과 다음 정기모임 사이의 하루 중 다른 시간이나 장소에서 갖도록 변경할 수 있다.

(라) 취소. 다음의 사유가 있는 경우, 이사회가 정기모임을 취소할 수 있다:

(1) 정기모임 날짜가 공휴일에 해당되거나, 공휴일이 포함된 주에 해당되는 경우

(2) 회원의 사망으로 애도 기간인 경우

(3) 지역사회 전체에 영향을 미치는 전염병 또는 재해가 발생한 경우

(4) 지역사회에 무력 분쟁이 발생한 경우

이사회는 본 항에 열거되지 않은 사유로 인해 로타리 연도 중에 최대 4회까지 정기모임을 취소할 수 있으나, 3회를 초과해 연속으로 취소하지 않아야 한다.

(마) 위성클럽 회합(해당될 경우). 세칙에 규정된 경우, 위성클럽은 회원들이 요일, 시간 및 장소를 정해 매주 정기모임을 갖는다. 정기모임의 요일, 시간 및 장소는 본 조 제1(다)항에 규정된 바에 따라 본 클럽의 모임과 유사한 방식으로 변경할 수 있다. 위성클럽의 정기모임은 본 조 제1(라)항의 사유에 의해 취소될 수 있다. 투표 절차는 세칙에 규정된 바를 따른다.

(바) 예외. 세칙에 본 항과 일치하지 않는 조항이 포함될 수 있으나, 클럽은 1개월 동안 최소 2회 이상 모임을 가져야 한다.

제2항 ― 연차 총회

(a) 클럽 임원을 선출하고, 당해 연도 수입 및 지출을 비롯한 중간 보고서와 작년도의 재무 보고서를 발표하기 위한 연차 총회는 세칙의 규정에 따라 매년 12월 31일 이전에 개최한다.

(b) 위성클럽은 임원을 선출하기 위한 연차 총회를 매년 12월 31일 이전에 개최한다.

제3항 ― 이사회. 매 이사회 회의 후 60일 이내에 서면 회의록을 만들어 모든 회원들이 조회할 수 있도록 한다.

제8조 회원 자격

제1항 ― 일반 자격요건. 클럽은 선량한 인격과 정직성 및 리더십을 갖추고, 사업이나 종사하는 직업 분야 그리고/또는 지역사회에서 평판이 좋은 성인으로서, 소속 지역사회 그리고/또는 전 세계를 위해 봉사하려는 의지를 지닌 사람들로 구성된다.

제2항 — 종류. 본 클럽은 2종류의 회원, 즉 정회원과 명예회원으로 구성된다. 또한 클럽은 본 조 제7항에 의거 다른 회원 종류를 만들 수 있으며, 이러한 회원들은 RI 에 정회원 또는 명예회원으로 보고된다.

제3항 — 정회원. RI 정관 제5조 2항의 자격 요건을 갖춘 사람은 클럽의 정회원으로 선출될 수 있다.

제4항 — 위성클럽 회원. 본 클럽의 위성클럽 회원은 동 위성클럽이 RI에 로타리클럽 으로 정식 가입해 회원이 될 때까지 본 클럽의 회원이 된다.

제5항 — 이중 회원 금지. 그 어떤 회원도

(가) 본 클럽의 위성클럽일 경우를 제외하고, 2개의 클럽에 동시에 소속될 수 없다.

(나) 본 클럽에서 명예회원 자격을 동시에 보유할 수 없다.

제6항 — 명예회원. 본 클럽은 다음의 특징을 가지는 명예회원을 이사회가 정하는 임 기로 선출할 수 있다:

(가) 회비 납부를 면제받는다.

(나) 투표권을 행사할 수 없다.

(다) 본 클럽의 어떤 직책도 보유할 수 없다.

(라) 직업 분류를 갖지 않는다.

(마) 본 클럽의 모든 모임에 참석하고 본 클럽에서 다른 모든 특전을 누릴 수 있지만, 로타리안의 초대 없이 타 클럽을 방문할 수 있는 권리를 제외하고는 타 클럽에 서 그 어떤 권리나 특전도 행사할 수 없다.

제7항 — 예외. 세칙에 본 정관의 제 8조 2항 및 4~6항과 일치하지 않는 규정이 포함 될 수 있다.

제9조 클럽 회원 구성

제1항 — 일반 규정. 각 회원은 회원의 사업, 직종, 직업, 지역사회 봉사 활동에 따라 분류된다. 이러한 직업 분류는 회원이 소속된 기업, 회사 또는 기관의 인정되는 주

된 활동이거나, 회원 자신의 인정되는 주된 사업 또는 직업 활동, 혹은 회원이 수행하는 지역사회 봉사 활동의 성격을 잘 나타내는 것이어야 한다. 이사회는 회원의 직위, 직종 또는 직업이 변경되는 경우 해당 회원의 직업 분류를 수정할 수 있다.

제2항 ─ 클럽 회원 구성의 다양성 클럽의 회원 구성은 소속 지역사회의 연령, 성별, 인종의 다양성을 비롯해 각종 사업체와 직종, 직업 및 시민 단체를 반영해야 한다.

제10조 출석

제1항 ─ 일반 규정. 본 클럽의 모든 회원은 본 클럽 또는 위성클럽의 정기모임에 출석해야 하며, 클럽의 봉사 프로젝트, 행사, 기타 활동에 참여해야 한다. 다음 경우에 회원이 출석한 것으로 간주한다:

(가) 정기모임에 직접 혹은 전화나 온라인으로 최소한 60퍼센트 이상 출석한 경우

(나) 정기모임 출석 중에 예기치 않게 호출되었고, 추후 그러한 행동이 타당했다고 이사회가 판단할 수 있는 증거를 제출한 경우

(다) 온라인 정기모임에 참여하거나 클럽 웹사이트에 인터랙티브 활동이 게시된 후 1주일 이내에 해당 활동에 참여하는 경우

(라) 다음 방법 중 하나로 해당 연도 내에 출석을 보전한 경우

 (1) 타 클럽 또는 가클럽의 정기모임이나 타 클럽의 위성클럽 정기모임에 60퍼센트 이상 출석한 경우

 (2) 타 클럽 정기모임 또는 타 클럽의 위성클럽 정기모임에 출석할 목적으로 정해진 시간과 장소에 맞추어 왔지만, 해당 클럽이 그 시간과 장소에서 모임을 갖지 않은 경우

 (3) 클럽의 봉사 프로젝트나 클럽이 스폰서하는 지역사회 행사 또는 이사회가 승인한 회합에 출석하고 참여한 경우

 (4) 이사회에 출석하거나, 이사회의 승인을 받아 해당 회원이 소속된 봉사 위원회 회의에 참석하는 경우

 (5) 클럽 웹사이트를 통해 온라인 회의 또는 인터랙티브 활동에 참여하는 경우

 (6) 로타랙트클럽 또는 인터랙트클럽, 로타리 지역사회 봉사단, 로타리 동호회,

혹은 가로타랙트클럽이나 가인터랙트클럽, 가로타리 지역사회 봉사단, 가
로타리 동호회의 정기모임에 참석하는 경우

(7) RI 국제대회, 규정심의회, 국제협의회, 로타리 연수회 또는 RI 이사회나 RI
회장의 승인하에 소집된 기타 회합, 지역대회, RI 위원회, 지구대회, 지구
연수협의회, RI 이사회의 지시에 따라 개최된 지구 차원의 회의, 총재의 지
시에 따라 개최된 지구 위원회 회의, 정기 공고된 로타리클럽의 도시간 합
동 모임에 참석한 경우

제2항 ― 파견 근무에 따른 장기간 결석. 회원이 장기간 파견 근무를 하게 될 경우, 본
클럽과 파견 근무지 지정 클럽 간에 합의가 이루어지면 파견 근무지 클럽 정기모임
의 출석을 본 클럽 모임의 출석으로 대체할 수 있다.

제3항 ― 여타 로타리 활동으로 인한 결석. 클럽의 정기모임이 개최되는 시간에 회원
이 다음에 해당되는 경우 출석보전이 요구되지 않는다:

(가) 본 조 제(1)(라)(7)항에 명시된 회합 중 하나에 참석하기 위해 여행 중인 경우

(나) RI의 임원이나 위원회 위원 또는 로타리재단 이사로 로타리 업무를 수행 중인
경우

(다) 지구총재의 특별 대표로서 신규 클럽 결성을 위한 로타리 업무를 수행 중인 경
우

(라) RI의 피고용인으로 로타리 업무를 수행 중인 경우

(마) 출석보전이 불가능한 오지에서 지구가 스폰서하거나, RI 또는 로타리재단이 스
폰서하는 봉사 프로젝트에 직접 참가 중인 경우

(바) 이사회가 정식으로 승인한 로타리 업무에 참여하는 관계로 정기모임 출석이 불
가능한 경우

제4항 ― RI 임원의 결석. 회원이 RI의 현직 임원이거나 RI 현직 임원의 로타리안 배
우자인 경우에는 결석이 용납된다.

제5항 ― 출석 면제. 다음의 경우에는 출석이 면제된다:

(가) 이사회가 판단하기에 회원의 결석에 적절하고 충분한 사유나 조건, 여건이 있는
경우. 이와 같은 면제 혜택은 12개월을 초과할 수 없다. 단, 회원이 건강상의

이유나 자녀의 출산 또는 입양 이후, 혹은 아동의 위탁 보호 중에 결석하는 경우에는 이사회가 출석 면제 기간을 첫 12개월 이상으로 연장할 수 있다.

(나) 회원의 연령과 1개 이상의 클럽에서 회원으로 활동한 연수를 합한 수가 85년 이상이고, 로타리안으로 활동한 연수가 적어도 20년 이상이며, 회원이 출석 면제 요청서를 클럽 총무에게 제출해 이사회가 이를 승인한 경우

제6항 ― 출석 기록. 본 조 제5(가)항의 규정에 따라 출석을 면제받은 회원이 클럽의 정기모임에 결석한 경우, 그 회원의 결석은 출석 기록에 포함시키지 않는다. 본 조 제4항 또는 제5(나)항의 규정에 따라 출석을 면제받은 회원이 정기모임에 출석한 경우, 그 회원의 출석은 본 클럽의 멤버십 및 출석률에 포함시킨다.

제7항 ― 예외. 세칙에 본 정관의 제10조와 일치하지 않는 규정이 포함될 수 있다.

제11조 이사, 임원 및 위원회

제1항 ― 관리 기관. 세칙에서 규정한 대로 이사회가 본 클럽의 관리 기관이다.

제2항 ― 권한. 이사회는 모든 임원과 위원회를 총괄하며, 정당한 사유가 있을 시 어떤 임원이나 위원도 해임시킬 수 있다.

제3항 ― 이사회 결정의 최종성. 클럽의 모든 사안에 관한 이사회의 결정은 최종적이지만, 클럽에 이의를 제기할 수는 있다. 그러나 이사회가 회원의 자격을 종결시키기로 결정하는 경우, 해당 회원이 제13조 6항에 따라 클럽에 이의를 제기하거나 화해 또는 중재를 요청할 수 있다. 이사회가 지정한 정기모임에서 출석 회원 3분의 2 이상의 찬성 투표가 있을 때에 한해 이사회의 결정이 번복될 수 있다. 단, 이 경우에 정족수가 출석해야 하고, 총무가 해당 정기모임 개최일로부터 최소한 5일 전에 이의 제기 사실을 각 회원에게 통보해야 한다. 제기된 이의에 관한 클럽의 결정은 최종적이다.

제4항 ― 임원. 본 클럽의 임원은 회장, 직전 회장, 차기 회장, 총무, 그리고 재무이며, 1명 또는 여러 명의 부회장도 임원진에 포함될 수 있다. 이들은 모두 이사회의 멤버가 된다. 또한 사찰 1명이 클럽 임원진에 포함될 수 있으며, 클럽 세칙에 규정된 경우 이사회의 멤버가 될 수 있다. 각 임원과 이사는 클럽에 채무가 없는 회원이어야

한다. 클럽 임원들은 위성클럽 정기모임에 정기적으로 참석해야 한다.

제5항 ― 임원의 선출.

(가) 회장을 제외한 임원의 임기. 각 임원은 세칙의 규정에 따라 선출된다. 회장을 제외한 모든 임원은 선출 직후의 7월 1일에 취임해 임기 동안 또는 후임자가 선출되어 정식으로 취임할 때까지 임무를 수행한다.

(나) 회장의 임기. 차차기 회장은 세칙의 규정에 따라 회장 취임 전 18개월에서 2년 사이에 선출되어야 하고, 회장으로 취임하는 연도 1년 전 7월 1일부로 차기 회장이 된다. 회장은 7월 1일에 취임하며 1년의 임기로 임무를 수행한다. 후임자가 선출되지 않는 경우, 현 회장의 임기가 최장 1년까지 연장된다.

(다) 회장의 자격. 회장 후보자는 추천에 앞서 최소한 1년 이상 본 클럽의 회원으로 활동해야 하나, 총재가 1년 미만의 회원 경력이 후보자 추천 요건을 충족한다고 판단할 경우는 예외로 한다. 차기 회장은 차기 총재로부터 출석을 면제받지 않는 한, 차기회장연수회와 연수협의회에 참석해야 한다. 차기 회장이 출석을 면제받은 경우에는 클럽의 대리인을 파견해야 한다. 만약 차기 회장이 차기 총재로부터 차기회장연수회와 연수협의회 출석을 면제받지 않고 불참하거나, 면제받았음에도 대리인을 파견하지 않은 경우에는 클럽 회장으로 취임할 수 없다. 이 경우, 차기회장연수회와 연수협의회에 참석했거나 차기 총재가 충분하다고 판단하는 연수를 받은 후임자가 선출될 때까지 현 회장이 회장직을 계속 수행해야 한다.

제6항 ― 본 클럽의 위성클럽 관리.

(가) 위성클럽의 감독. 본 클럽은 이사회에서 적절하다고 판단하는 일반적인 감독과 지원을 위성클럽에 제공한다.

(나) 위성클럽 이사회. 위성클럽은 일상적인 운영을 위해 매년 회원 중에서 이사를 선출해 이사회를 구성해야 한다. 동 이사회는 세칙의 규정에 따라 위성클럽의 임원들과 4~6명의 다른 회원들로 구성된다. 이사회의 의장이 위성클럽의 최고 임원이 되며, 직전 의장, 차기 의장, 총무 및 재무가 나머지 임원이 된다. 위성

클럽 이사회는 로타리 규범, 의무, 정책, 목표 및 목적에 의거해, 그리고 본 클럽의 지도하에 위성클럽과 그 활동의 일상적인 관리와 운영을 책임진다. 위성클럽은 본 클럽 내에서 또는 본 클럽에 대해 아무런 권한도 갖지 않는다.

(다) 위성클럽 보고 절차. 위성클럽은 재무 제표 및 감사 또는 심사필 회계 정보가 첨부된 회원 현황, 활동 및 프로그램에 대한 보고서를 본 클럽의 회장과 이사회에 제출해 본 클럽의 연차 총회 보고서 및 본 클럽이 때때로 요구하는 기타 보고서에 포함될 수 있게 해야 한다.

제7항 — 위원회. 본 클럽은 다음의 위원회를 구성해야 한다:

(가) 클럽 관리 위원회

(나) 멤버십 위원회

(다) 공공 이미지 위원회

(라) 로타리재단 위원회

(마) 봉사 프로젝트 위원회

또한 이사회 또는 회장이 필요에 따라 추가 위원회를 구성할 수 있다.

제12조 회비

모든 회원은 세칙에 규정된 연회비를 납부해야 한다.

제13조 회원 자격의 존속 기간

제1항 — 기간. 회원 자격은 다음의 규정에 의거해 종결되지 않는 한 본 클럽이 존속하는 동안 계속된다.

제2항 — 자동 종결

(가) 예외. 회원 자격은 회원이 필요한 자격을 유지하지 못하는 경우 자동적으로 종결된다. 단, 회원이 클럽의 소재 지역 또는 주변 지역으로부터 전출하지만 클럽 회원 자격의 모든 조건을 여전히 충족하는 경우 이사회가 취하는 다음의 조치는 예외로 한다:

(1) 회원이 본 클럽의 회원 자격을 유지하도록 허용한다.

(2) 전출할 지역사회의 클럽을 방문하고 친숙해질 수 있도록 1년 한도 내에서 출석 의무 규정을 특별 면제해 준다.

(나) 재가입. 채무가 없는 회원이 본 조 (가)항에 따라 회원 자격을 상실한 경우, 동일하거나 상이한 사업, 직종, 직업, 지역사회 봉사, 기타 분류로 회원 가입을 다시 신청할 수 있다.

(다) 명예회원 자격의 종결. 명예회원의 자격은 이사회가 기간을 연장하지 않는 한, 당초 정해진 명예회원 자격 기간의 최종일에 자동적으로 종결된다. 이사회는 언제든지 명예회원 자격을 종결시킬 수 있다.

제3항 — 자격 종결 — 회비 미납

(가) 절차. 회원이 납부 기일이 지난 후 30일 이내에 회비를 납부하지 않을 경우 총무는 서면으로 이를 통지해야 하며, 통지일 10일 이내에 회비가 수금되지 않으면 이사회의 재량으로 해당 회원의 자격을 종결시킬 수 있다.

(나) 자격 회복. 자격을 상실한 회원이 재가입을 신청하고 클럽에 대한 모든 미납금을 완납하는 경우에는 이사회가 해당 회원의 자격을 회복시킬 수 있다.

제4항 — 자격 종결 — 결석

(가) 출석률. 회원은 반드시

(1) 클럽의 정기모임이나 위성클럽 정기모임에 최소 50퍼센트 이상 출석 또는 출석보전을 하거나, 로타리 연도 매 반기별로 클럽 프로젝트, 행사 또는 기타 활동에 최소 12시간 이상 참여하거나, 혹은 출석 및 참여를 합해 이와 비등한 참여율을 달성해야 하며,

(2) 로타리 연도 매 반기별로 본 클럽의 정기모임 또는 위성클럽 모임에 최소 30퍼센트 이상 출석하거나, 클럽 프로젝트, 행사 또는 기타 활동에 참여해야 한다(RI 이사회가 규정한 지역대표는 이 조항의 적용을 받지 않는다).

위의 출석 의무 규정을 지키지 못하는 회원은 이사회가 그 회원의 결석에 정당한 사유가 있다고 인정하지 않는 한 회원 자격이 종결될 수 있다.

(나) 계속적인 결석. 이사회가 정당하고 충분한 사유가 있다고 인정하거나 본 정관 제10조 4항 또는 5항에 따라 출석을 면제받지 않는 한, 회원이 4회 연속으로 정기모임에 출석하지 않거나 출석보전을 하지 않으면 이는 본 클럽에서의 회원 자격에 대한 종결 요청으로 간주될 수 있다. 이사회가 해당 회원에게 이를 통지한 후 과반수 찬성 투표로 해당 회원의 자격을 종결시킬 수 있다.

(다) 예외. 세칙에 본 정관의 제13조 4항과 일치하지 않는 규정이 포함될 수 있다.

제5항 ― 자격 종결 – 기타 사유

(가) 정당한 사유. 회원이 본 클럽의 회원 자격 조건을 유지하지 못하게 되었거나 다른 정당한 사유가 있을 때, 이사회는 이를 심의하기 위한 회의를 소집하고, 출석해 투표하는 이사 3분의 2 이상의 찬성 투표로 해당 회원의 자격을 종결시킬 수 있다. 동 회의에서는 본 정관 제8조 1항, 네 가지 표준과 로타리안으로서 지켜야 할 높은 윤리적 기준을 기본 원칙으로 삼아 안건을 처리해야 한다.

(나) 통지. 이사회가 본 조항의 (가)항에 의거해 결정을 내리기에 앞서, 해당 회원에게 적어도 10일 전에 이를 서면으로 통지하고 이사회에 서면으로 답변할 기회를 제공해야 한다. 통지는 인편으로 전달하거나 회원의 최종 확인된 주소로 등기 우편으로 발송해야 한다. 회원은 이사회에 출두해 자신의 주장을 진술할 권리가 있다.

제6항 ― 자격 종결에 대한 이의 제기, 화해 또는 중재를 요청할 권리

(가) 통지. 총무는 이사회의 회원 자격 종결 또는 정지 결정이 있은 후 7일 이내에 이를 해당 회원에게 서면으로 통지해야 한다. 해당 회원은 통지일로부터 14일 이내에 총무에게 서면으로 클럽에 대한 이의를 제기하거나, 화해 또는 중재를 요청할 수 있다. 화해 또는 중재 절차는 제17조의 규정에 따른다.

(나) 이의 제기. 이의가 제기되면, 이사회는 이의 제기 통지 접수 후 21일 이내에 개최되는 클럽의 정기모임에서 이의 신청에 관한 청문회 날짜를 결정해야 한다. 이러한 클럽 정기모임 개최와 특별 안건은 적어도 5일 이전에 클럽의 모든 회원에게 서면으로 통지되어야 한다. 이의 제기가 심의되는 청문회에는 본 클럽의 회원만이 출석할 수 있다. 클럽의 결정은 최종적이고 모든 당사자들을 기속하

며, 중재의 대상이 되지 않는다.

제7항 — 이사회 결정의 최종성. 본 클럽에 이의 제기가 없거나 또는 중재 신청이 없을 때에는 이사회의 결정이 최종적이다.

제8항 — 탈회. 회원이 클럽에서 탈회하고자 할 때에는 회장 또는 총무에게 탈회 의사를 서면으로 제출하고, 이사회는 해당 회원이 클럽에 미납금이 없는 경우에만 이를 수리한다.

제9항 — 재산권의 상실. 회원이 클럽 가입 시 현지법에 따라 클럽의 기금이나 재산에 대한 권리를 부여받았더라도, 회원 자격이 어떤 방식으로든 종결되는 경우 본 클럽에 속한 기금 또는 기타 재산에 대한 모든 권리를 상실한다.

제10항 — 회원 자격의 임시 정지. 본 정관의 상기 조항에도 불구하고 이사회의 견해가 다음과 같은 경우 회원 자격을 임시 정지시킬 수 있다.

(가) 회원이 본 정관의 이행을 거부 또는 소홀히 했거나, 혹은 회원 자격이 박탈당할 만한 행동을 했거나 클럽에 불이익을 끼쳤다는 신빙성 있는 주장이 제기된 경우,

(나) 그러한 주장이 사실로 드러나 정당한 회원 자격 종결 사유에 해당되는 경우,

(다) 특정 사안이나 사건의 결과가 제대로 발생하기 전까지는 해당 회원의 자격에 관한 조치를 유보해야 한다고 이사회가 판단하는 경우,

(라) 회원 자격에 관한 투표 없이 해당 회원의 회원 자격을 임시로 정지시키고, 정기 모임과 기타 활동에 참석을 금지하며, 클럽의 직책이나 직위에서 해임시키는 것이 클럽에 있어 최선인 경우,

이사회는 투표를 통해 3분의 2 이상의 찬성으로 90일을 넘지 않는 합리적인 기간 동안 이사회에서 정한 기타 조건을 적용해 해당 회원의 자격을 임시로 정지시킬 수 있다. 자격이 정지된 회원은 본 조 제6항의 규정에 따라 이의를 제기하거나, 화해 또는 중재를 요청할 수 있다. 해당 회원은 자격 정지 기간 동안 출석 의무를 면제받는다. 자격 정지 기간이 만료되기 전 이사회는 자격 정지된 회원의 자격을 종결시킬 것인지 혹은 정상 상태로 회복시킬지를 결정해야 한다.

제14조 지역사회, 국가 및 국제 문제

제1항 ― 적절한 주제. 지역사회, 국가 및 세계의 안녕에 관한 공공 문제는 클럽 모임에서 진행하는 공정하고 지성적인 토론의 주제로 적절하다. 그러나 본 클럽이 현재 진행 중이고 논란의 소지가 있는 공공 문제에 관해서는 의견을 표명할 수 없다.

제2항 ― 지지 불가. 본 클럽은 특정 공직 후보자를 지지하거나 추천할 수 없으며, 클럽 모임에서 그러한 후보자의 장단점을 논의해서도 안 된다.

제3항 ― 비정치성

(가) 결의 및 견해. 본 클럽은 정치적 성격을 띤 세계 문제 또는 국제 정책에 관해 결의 또는 견해를 채택하거나 배부할 수 없으며, 또한 이에 대한 단체 행동을 할 수 없다.

(나) 호소. 본 클럽은 정치적 성격을 띤 특정 국제 문제 해결을 위해 직접적으로 다른 클럽, 국민 또는 정부에 호소할 수 없으며, 서신, 연설문 또는 건의서를 배부할 수 없다.

제4항 ― 로타리 창립 기념. 로타리 창립일인 2월 23일이 속한 한 주간은 세계 이해와 평화 주간이다. 이 주간 동안 본 클럽은 로타리 봉사를 기념하며 과거의 업적을 돌아보고, 지역사회와 전 세계에서의 평화, 이해 및 선의에 관한 프로그램을 집중적으로 다룬다.

제15조 로타리 잡지

제1항 ― 의무 구독. 본 클럽이 RI 이사회의 면제를 받지 않는 한, 각 회원은 공식잡지를 구독해야 한다. 2명의 로타리안이 같은 주소에 거주할 경우 공식잡지를 공동 구독할 수 있다. 구독료는 회원이 본 클럽에 회원 자격을 보유하고 있는 한, RI 이사회가 정한 1인당 회비 납부 일자에 납부되어야 한다.

제2항 ― 구독료 수금. 클럽은 각 회원으로부터 구독료를 사전 수금해 RI 또는 RI 이사회가 지정한 지역잡지 사무국으로 송금해야 한다.

제16조 강령의 수락과 정관 및 세칙의 준수

회원은 회비를 납부함으로써 로타리 목적에 표현된 로타리의 원칙을 수락하고, 클럽 정관 및 세칙을 준수하며 이에 기속을 받는 것에 동의한다. 회원이 이러한 조건에 부합해야만 본 클럽의 특전을 부여받을 권리를 갖는다. 각 회원은 정관 및 세칙 문서의 수령 여부에 관계 없이 이를 준수해야 한다.

제17조 중재와 화해

제1항 — 분쟁.이사회 결정을 제외하고 현 또는 전 회원과 본 클럽, 클럽 임원 또는 이사회 사이에 발생한 모든 분쟁은 한쪽 당사자가 총무에게 요청할 경우 화해 또는 중재 절차를 통해 해결한다.

제2항 — 화해 또는 중재 일정. 화해 혹은 중재 요청 접수일로부터 21일 이내에 이사회가 분쟁 당사자들과 협의하에 화해 혹은 중재를 위한 날짜를 결정한다.

제3항 — 화해. 화해 절차는 다음과 같다:

(가) 국가 혹은 지방 사법권 등 적절한 권위를 가진 기관이 인정하는 절차

(나) 대안적 분쟁 해결에 전문성이 인정되는 전문 기관이 추천하는 절차

(다) RI 이사회나 로타리재단 이사회가 정한 문서화된 지침에서 권장하는 절차 오직 로타리안만이 화해자가 될 수 있다. 클럽은 총재나 총재 대리인에게 화해에 필요한 기술과 경험을 가진 화해자를 임명할 것을 요청할 수 있다.

(라) 화해 결과. 화해 절차 후 분쟁 당사자들간에 합의된 결과나 결정을 문서화하고, 사본 1부씩을 각 당사자와 화해자 및 이사회에 제공한다. 당사자들이 수용한 화해 결과를 클럽에 보고하기 위한 요약서도 준비한다. 만약 어느 한쪽 당사자가 화해 입장을 중대하게 철회할 경우, 클럽 총무나 회장을 통해 화해를 다시 요청할 수 있다.

(마) 화해 절차 실패. 화해 절차를 요청했으나 실패한 경우, 본 조 제1항의 규정에 따라 분쟁 당사자 중 어느 쪽이라도 중재를 요청할 수 있다.

제4항 ― 중재. 중재가 요청된 경우, 각 당사자는 로타리안 1명을 중재인으로 선임해야 하며 중재인(들)은 로타리안 1명을 판정인으로 임명해야 한다.

제5항 ― 중재인 또는 판정인의 결정. 중재인들에 의한 결정, 또는 중재인들이 합의를 이루지 못한 경우에는 판정인의 결정이 최종적이고, 이는 모든 당사자들을 기속하며 이의 제기의 대상이 되지 않는다.

제18조 세칙

본 클럽은 클럽 운영에 필요한 추가 규정을 수립하기 위해 RI의 정관 및 세칙, RI가 수립한 관리 구역 절차 규정, 그리고 본 정관과 일치하는 세칙을 채택한다. 이러한 세칙은 규정된 절차에 따라 개정될 수 있다.

제19조 개정

제1항 ― 개정 방법. 본 조 제2항에 규정된 내용을 제외하고는, 본 정관은 규정심의회에서 과반수 투표에 의해서만 개정될 수 있다.

제2항 ― 제2조 및 제4조의 개정. 제2조 명칭 및 제4조 소재지는 본 클럽의 정족수가 출석한 정기모임에서 모든 투표하는 회원의 3분의 2 이상의 찬성 투표로 개정될 수 있다. 개정안은 이를 논의할 정기모임이 개최되기 적어도 21일 전에 각 회원과 총재에게 통지되어야 한다. 개정안은 RI 이사회에 제출되며, RI 이사회의 승인을 받아야만 그 효력이 발생한다. 총재는 제안된 개정안에 대해 RI 이사회에 의견을 제시할 수 있다.

권장 로타리클럽 세칙

_____로타리클럽 세칙

클럽 세칙은 클럽의 일반적인 관행과 절차로 표준 로타리클럽 정관을 보완한다. 본 세칙은 권장안이지만, 채택될 경우 클럽 회원들을 기속한다. 로타리클럽은 본 세칙을 클럽 사정에 맞게 수정할 수 있지만, 수정 사항은 국제로타리 정관 및 세칙, 표준 로타리클럽 정관(별도의 승인을 받은 경우는 예외), 그리고 로타리 정책 규약에 모순되지 않는 범위 내에서 이루어져야 한다. 다음은 세칙에 반드시 포함되어야 하는 필수 조항들이다.

제1조   정의

1. 이사회: 본 클럽의 이사회.

2. 이사: 본 클럽 이사회 멤버.

3. 회원: 명예회원을 제외한 본 클럽의 회원.

4. 정족수: 표결을 위해 참석해야 하는 클럽 회원 수: 클럽 표결인 경우 클럽 회원의 3분의 1이며, 이사회 결의인 경우 이사회 이사의 과반수.

5. RI: 국제로타리(Rotary International).

6. 연도: 7월 1일에 시작되는 12개월의 기간.

클럽은 또한 의제에 따라 별도의 정족수를 자체적으로 정할 수 있다.

제2조 이사회

이사회는 본 클럽의 관리 기구로서 최소한 클럽 회장, 직전 회장, 차기 회장, 총무 그리고 재무로 구성된다.

표준 로타리클럽 정관은 클럽 세칙에 제2조를 반드시 포함될 것을 요구한다. 상기 클럽 임원들은 반드시 클럽 이사회에 소속되어야 한다. 클럽은 부회장, 회장 피지명자, 사찰 등을 이사회에 추가시킬 수 있다. 위성클럽을 둔 경우 위성클럽의 이사회 멤버들도 이 조항에 명시한다.

제3조 선출 및 임기

제1항 — 회원들은 선거일로부터 1개월 전에 회장, 부회장, 총무, 재무, 그리고 새로 선임이 필요한 이사직의 후보자를 지명한다. 지명은 지명위원회에 의해서나, 클럽 모임에 참석한 회원들에 의해, 또는 양자 모두에 의해 이루어질 수 있다.

제2항 — 각 직책에 대해 과반수를 득표한 후보자를 해당 임원직에 선임된 것으로 공표된다.

제3항— 이사 또는 임원직에 결원이 발생할 경우 나머지 이사들이 결정하여 충원한다.

제4항— 차기 임원직 또는 차기 이사직에 결원이 발생할 경우 나머지 차기 이사들이 결정하여 충원한다.

제5항 — 각 직책별 임기는 다음과 같다:

회장 — _____1년_____

부회장 — _____

재무 — _____

총무 — _____

사찰 — _____

이사 — _____

표준 로타리클럽 정관은 세칙에 반드시 선거 절차가 명시될 것을 요구한다. 지명위원회 방식을 채택할 경우 지명위원의 선임 방법이 함께 명시되어야 한다. 클럽 회장의 임기는 표준 로타리클럽 정관에 1년으로 규정되어 있다. 후임자가 선임되지 않았을 경우 현 회장의 임기는 최대 1년까지 연장될 수 있다.

제4조 임원의 임무

제1항 — 회장은 클럽 모임과 이사회 회의를 주재한다.

제2항 — 직전 회장은 클럽 이사로서의 역할을 수행한다.

제3항 — 차기 회장은 회장 임기 연도를 준비하며 클럽 이사로서의 역할을 수행한다.

제4항 — 부회장은 회장 부재 시 클럽 모임과 이사회 회의를 주재한다.

제5항 — 이사는 클럽 모임과 이사회 회의에 참석한다.

제6항 — 총무는 멤버십 및 출석 기록을 담당한다.

제7항 — 재무는 모든 자금을 관리하고 클럽 자금에 대한 회계업무를 담당한다.

제8항 — 사찰은 클럽 모임의 질서를 유지한다.

클럽 임원의 직무에 대한 자세한 사항은 해당 로타리클럽 리더 매뉴얼을 참조한다.

제5조 회합

제1항 — 차기 연도 임원 및 이사 선출을 위한 클럽의 연차 총회는 12월 31일 이전에 개최된다.

제2항 — 본 클럽은 정기모임을 다음과 같이 개최한다: _____. 정기모임을 변경 또는 취소할 경우 클럽 회원 전원에게 적절히 사전 통지한다.

제3항 — 이사회 회의는 매월 정기적으로 개최된다. 임시 이사회는 회장이 필요하다고 판단할 경우 혹은 이사 2명 이상의 요청이 있을 경우 회장이 소집한다.

표준 로타리클럽 정관은 상기 제5조 2항을 클럽 세칙에 반드시 포함시킬 것을 요구한다.

제6조　회비

클럽 회원의 연 회비는 ＿＿＿＿＿원이며, 다음과 같이 납부된다:
＿＿＿＿＿＿＿＿＿＿＿. 클럽 회원의 연 회비는 RI 1인당 회비, 공식/지역 잡지 구독료, 1인당 지구 회비, 클럽 회비, 그리고 그 외 로타리 또는 지구의 1인당 청구액으로 구성된다.

표준 로타리클럽 정관은 상기 제6조를 클럽 세칙에 반드시 포함시킬 것을 요구한다.

제7조　표결 방법

임원 및 이사의 선임을 위한 선거이외의 클럽 안건은 구두 또는 거수 표결로 처리한다. 이사회는 일부 결의안에 대한 표결을 투표로 처리할 수 있다.

위성클럽의 표결 절차도 이 조항에 함께 명시한다.

제8조　위원회

제1항 — 클럽은 표준 로타리클럽 정관 제 13조 7항에 명시된 다음과 같은 위원회를 구성하여야 한다: ＿＿＿＿＿＿.

제2항 — 회장은 모든 위원회의 당연직 위원이 된다.

제3항 — 각 위원회의 위원장은 위원회의 정기 모임과 활동을 책임지며, 위원회의 업무를 감독, 조정하며, 위원회의 모든 활동을 이사회에 보고한다.

클럽 위원회들은 클럽의 연차 목표 및 장기 목표를 달성하기 위해 상호 협력한다.

제9조 재정

제1항 — 이사회는 각 회계 연도가 시작되기 전에 예상 수입 및 지출에 관한 연간 예산을 편성하여야 한다.

제2항 — 재무는 클럽 자금을 클럽 운영과 봉사 프로젝트 등 2개의 계정으로 분류하여 이사회가 지정하는 금융기관에 예치한다.

제3항 — 청구서는 임원 또는 이사 2명의 승인을 얻어 재무 혹은 권한을 부여받은 다른 임원에 의해 지불된다.

제4항 — 클럽의 모든 금융거래 내역은 매년 자격을 갖춘 사람에 의해 철저히 검토된다.

제5항 — 클럽은 회원들에게는 클럽의 연차 재무제표가 포함된 재정보고서를 제공한다. 클럽은 당해 연도 및 전년도 수입과 지출이 포함된 반기별 재무 보고서를 연차 총회에 제출한다.

제6항 —회계 연도는 7월 1일부터 6월 30일까지이다.

제10조 회원 선출 방식

제1항 — 회원이 이사회 그리고/또는 멤버십 위원회에 영입 대상 후보자를 추천하거나 혹은 다른 클럽이 이적하는 소속 회원 또는 전 회원을 추천한다.

제2항 — 이사회는 30일 이내에 후보자의 회원 가입 승인 여부를 결정하여 이를 추천
　자에게 통보한다.

제3항 — 이사회가 가입을 승인하면, 해당 예상회원은 클럽 가입을 위해 초대된다.

회원 추천에 대한 기존 회원의 반대 절차를 이곳에 포함시킬 수 있다.

제11조　개정

본 세칙은 클럽의 정기모임에서 개정될 수 있다. 클럽 세칙 개정은 개정을 위한 정기
모임 21일 전에 클럽 회원들에게 서면 통지한 후, 투표 정족수의 출석과 출석 회원 3
분의 2 이상 찬성이 요구된다. 본 세칙의 개정은 표준 로타리클럽 정관과 국제로타리
정관 및 세칙, 그리고 로타리 정책 규약에 위배되어서는 안 된다.

참고문헌

한국 로타리 지구별 홈페이지

지구	홈페이지
3590	http://www.ri3590.org/
3600	http://ri3600.kr/
3610	http://www.ri3610.org/muser/login
3620	http://www.ri3620.or.kr/
3630	http://rotary3630.org/
3640	http://rotary3640.org/2014/
3650	https://rotary.or.kr/
3661	http://www.ri3661.org/?ckattempt=1
3662	http://www.rotary3662.org/sys/bbs/board.php?bo_table=0101
3670	http://www.rotary3670.org/
3680	http://www.ri3680.com/
3690	http://ri3690.or.kr/dotcr
3700	http://www.rotary3700.or.kr/web/index
3710	http://www.ri3710.org/
3721	http://www.ri3721.org/
3722	http://zio.myqnapcloud.com:81/ri3722/
3730	http://ri3730.or.kr/main/main.php
3740	http://www.ri3740.or.kr/
3750	http://rotary3750.or.kr/sys/bbs/board.php?bo_table=0101

https://www.rotary.org/ko(국제로타리)

http://www.rotarykorea.org(한국로타리)

http://www.rotarykorea.org/kr_history(한국로타리 총재단)

http://www.rotarykorea.org/index_sc(장학문화재단)

http://www.rotarykorea.org/youth(청소년연합)

http://www.rotarykorea.org/index_rk(로타리코리아)

로타리 기초상식 "THE ABCS OF ROTARY"1993. 클리포드 독터만(국제로타리)

로타리 기초상식(한국로타리)

국제로타리의 정의(한국민족문화대백과, 한국학중앙연구원)

절차요람(2019,한국어판)

로타리 정책 규약(2019,10 한국어판)

봉사의 1세기(2003,데이비드 C.포워드)

인류애의 실천: 로타리재단 100년의 발자취(2003,데이비드 C.포워드)

5대 봉사 부문(https://cafe.naver.com/jinjuseonhak/2530 RI 3590지구 진주선학RC)

지역코디네이터(RI 3620지구 문은수)

로타리 모토, 로타리클럽 회원 증강, 로타리클럽의 관리, 최초의 로타리안 (RI 3620지구 예산RC)

클럽 및 지구강화를 위한 회원관리(RI3630지구 문상현)

로타리클럽의 관리(RI 3630지구 구미그린RC)

프랭크이야기(RI 3640지구 원동혁 번역)

로타리 의전(https://cafe.naver.com/jjr3662/847 RI 3662지구)

국제로타리의 행정관리(cafe.daum.net/sararotary RI 3662지구 사라RC)

5대 봉사 부문(http://www.dongrotary.com RI 3670지구 전주동RC)

로타리 프로그램(RI 3680지구 대전한남RC)

국제로타리 재단 프로그램(RI 3680지구 중도RC, 3730지구 속초RC)

리더의 임무와 회원증강(RI 3690지구 길광섭)

국제로타리 3710지구 광주로타리클럽(무등산 주보 제1778호, 제1780호)

로타리 기초지식 (2018. 개정판. 한시준 편저)

연수용 로타리 가이드(2017. 김준식 편저)

개별봉사상(http://cafe.daum.net/azanamdo 마산남도RC)

국제로타리 재단 표창(RI 3740지구 청주중앙RC)

2019-20년도 국제로타리 Zone11,12 로타리 지도자 회원증강 워크샵(RI 3750지구 김석태)

사진과 그림에 대한 설명

사진과 자료를 사용토록 해주신 모든 분께 감사드립니다. 인터넷 자료와 기고를 참고하며 출처표기를 위해 노력하였으나 누락되거나 오기된 부분도 있음을 양해바랍니다. 위 내용의 수정부분 등 연락주시면 추후 수정 표기토록 하겠습니다.

로타리 스케치

저　　자 | 정 종 희

초판 1쇄 | 2021년 2월 23일(국제로타리 탄생 116주년)

초판 2쇄 | 2021년 5월 20일(세계인의 날)

발 행 처 | 바니디자인(주)

울산광역시 남구 번영로 152(달동)

전화 052-276-6687　팩스 052-260-6687

ISBN 979-11-9675140-1 03060